大学解读

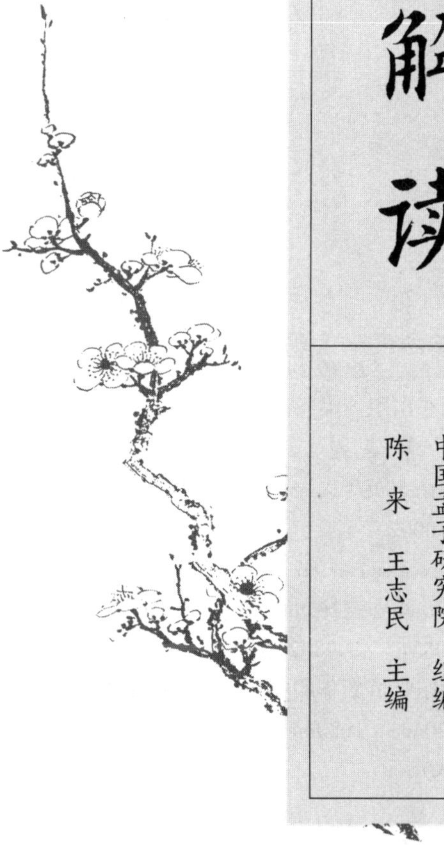

中国孟子研究院 组编
陈来 王志民 主编

齊魯書社

图书在版编目（CIP）数据

大学解读 / 陈来，王志民主编. -- 济南：齐鲁书社，2019.12
ISBN 978-7-5333-4229-6

Ⅰ. ①大… Ⅱ. ①陈… ②王… Ⅲ. ①儒家②《大学》—研究 Ⅳ. ①B222.15

中国版本图书馆 CIP 数据核字（2019）第 276501 号

大学解读
DAXUE JIEDU

陈 来 王志民 主编

主管单位	山东出版传媒股份有限公司
出版发行	齊魯書社
社　　址	济南市英雄山路 189 号
邮　　编	250002
网　　址	www.qlss.com.cn
电子邮箱	qilupress@126.com
营销中心	（0531）82098521 82098519
印　　刷	山东临沂新华印刷物流集团有限责任公司
开　　本	720mm × 1020mm 1/16
印　　张	13.75
插　　页	2
字　　数	188 千
版　　次	2019 年 12 月第 1 版
印　　次	2019 年 12 月第 1 次印刷
标准书号	ISBN 978-7-5333-4229-6
定　　价	**75.00** 元

目　录

《大学》的文本地位与思想诠释

陈　来

《大学》是“四书”之一。关于《大学》，我首先做一个总体的介绍，分为三个部分。

一、《大学》的作者和时代

（一）《大学》的名义

名就是题名，义是这个名字的含义。《大学》本来是《礼记》的第四十二篇，其篇题原本就叫作《大学》。这篇到南宋以后被朱熹合编为“四书”中的一种，“四书”就是《论语》《中庸》《孟子》《大学》。因此，《大学》成了独立的一部书，这样“大学”就成了书名。

对于这个篇名的意思，古代就有一种说法，最早见于东汉的经学家郑玄。他说“以其记博学，可以为政”，就是说《大学》主要是讲博学。当然，这个博学虽然是这篇的主旨，但它最后的目标还是要引导到为政上，这是郑玄的解释。

这个解释到底是对还是不对呢？历史上当然有不同的说法。比如到了南宋，朱熹解释为什么叫《大学》，说：“大学者，大人之学也。”大人是相对于少年来讲的，也就是成人。后来，王船山也讲道：“大人者，成人也。”15 岁以上进大学，那是成人；15 岁以前进小学，那是少年，不是成人。按这个意思来讲，《大学》不是仅仅讲博学，它是适合于成人的一种教育文献。可见，这与郑玄的说法有所不同。

其实关于《大学》的名义，古代有些文献是可以拿来参照的，与《大学》同在《礼记》中的《学记》篇多次提到“大学”这个概念。比如，现在的《大学》篇一开始讲“大学之道，在明明德，在亲民，在止于至善”；《学记》篇虽然讲“大学之礼”，但也讲“大学之道”，说“近者说服，而远者怀之，此大学之道也”。此外，《学记》里面还提出了“大学之教”，教就是教育的方法、教育的宗旨。除了“大学之教”，还提出了“大学之法”，《学记》里面讲：“大学始教……”

从这里面我们可以看出来，《大学》这篇文章的名义应该与《礼记》里面所包含的这些“大学”的论述是一致的。一致在什么地方呢？就是这个“大学”其实不是讲博学，而是古代教育的一个设置。古代在都城设立大学，西周时期叫作国学，是当时设立的一种最高规格的教育学校。所以，“大学”是讨论古代大学教育之法、教育之礼、教育之道的意思。在这个意义上，我们说郑玄用博学来解释大学，是因为他忽略了古代关于“大学”的这些记载。

刚才我说《大学》是在《礼记》的第四十二篇，这个《礼记》是指《小戴礼记》。《大戴礼记》也提到了“大学”，说“古者年八岁而出就外舍，学小艺焉”，八岁开始就到外面学习，学的是小术；“束发而就大学，学大艺焉”。这个也讲得很明白，大学是跟小学相对的，与前面我们讲的朱熹和王船山所讲的大学是 15 岁以上成人的一种学校是一致的。小学和大学的区别：小学是学小艺的，大学是学大艺的。那什么是小艺呢？后来朱熹对此做了一个区分：小学主要是学习礼节、仪节；大学主要是教以“穷理、正心、修己、治人之道”，层次比较高，定位也比较深。

这是我们讲的第一个问题——大学的名义。如果我们用朱熹的话来总结一下，就是“《大学》之书，古之大学所以教人之法也”，“人生八岁……皆入小学……及其十有五年……皆入大学”，所以大学之道就是大学的教育之道。

（二）《大学》的作者

《大学》的作者在唐代以前没有人讨论过，没有人叙述过，也没有提到过。北宋的二程说：“《大学》，孔氏之遗书。”这话说得有一点含糊，孔氏当然是指孔子，而孔氏的遗书，一种理解就是孔子流传下来的，是孔子所写的。但如果从广义上理解，就是孔门之遗书，当然这个孔门对于古代来讲，不是讲整个儒家，主要还是讲先秦孔子到七十子这个时代孔氏之遗书。到了南宋，朱熹继承了这个说法。朱熹早年就说得比较坚定，他认为《大学》是“累圣相传……至于孔子……而笔之于书”。从这个角度来解释二程所讲的“孔氏之遗书”，朱熹直接把它解释为“至于孔子……而笔之于书”，认为是孔子所写；“其门人弟子又相与传述而推明之”，他的门人弟子进行了传承、论述和发展。所以，是孔子和他的弟子共同写成了

《大学》这本书——朱熹早年是这么肯定地讲的。朱熹晚年对以前的说法做了点调整，他认为《大学》分为“经”“传”两个部分，“右经一章，盖孔子之言，而曾子述之”。他没有说这一部分是孔子写的。什么是“经一章”呢？就是“大学之道”那一段，我们也叫《大学》首章。朱子认为这第一章是经，后面是传。说“经一章”是“孔子之言，而曾子述之”，意思是孔子讲的话，曾子就把它传述下来。然后说“其传十章，则曾子之意而门人记之也”，经一章后面还有传十章，这传十章是谁写的呢？是“曾子之意”。经一章是孔子的意思，曾子只是把它传述下来；传十章是曾子的意思，“而门人记之”，门人把它记下来。所以，这样一来“孔氏之遗书”就落实到孔子和曾子两个人身上，曾子做了大部分——“传十章”。这是朱熹对于《大学》作者的论断。

那这个论断有没有什么根据呢？朱熹说“正经辞约而礼备，言近而指远，非圣人不能及也”，说这个经一章用词很简约，但是道理很完备，好像说得很近，但包含的意思非常深远，“非圣人不能及也”，你看它那个语词和意思，只有圣人才能讲出来这句话。他说“至于传文，或引曾子之言，而又多与《中庸》《孟子》者合，则知其成于曾氏门人之手”，为什么说传十章是曾子写的呢？那传文里面引了曾子的话，他怎么不引别人的话，而只引了曾子的话？而且其中讲的内容又与《中庸》《孟子》相合，因为《中庸》《孟子》与曾子的思想也是相同的。当然，《中庸》《孟子》可直接联系到子思，但是在朱熹看来，曾子与子思的思想是一致的。所以，他说“则知其成于曾氏门人之手”。

我们知道，清朝有一个学者叫戴震。戴震小的时候跟他家里私塾的塾师讨论过《大学》作者的问题，塾师告诉他：经是“孔子之言，而曾子述之”，传是“曾子之意而门人记之”。当时戴震就提出了疑问，他说，朱文公是什么时候的人？朱文公怎么知道《大学》经是孔子所言，是曾子记述的？他又如何知道传是曾子之意，曾子门人记述的？当时那个塾师无以应，答不上来。其实朱熹自己有一个解释，说明自己何以知道如此。他有一套自己的根据，但是这个根据能不能坐实，那是另外一个问题。当然，私塾的老师水平也不太高，他并没有看到朱熹对这个结论来源的说明。

但是，从二程到朱熹的这个讲法并不能得到大家一致的赞同。南宋有一位叫杨简的心学思想家就不赞成，他认为《大学》非孔门之遗书，与二程、朱熹的立场是对立的。杨简是陆九渊的大弟子，因有“朱陆之争”，所以他反对朱熹的讲法，也反对朱熹所根据的二程的说法。他主要针对的内容是“八条目”。“大学之道，在明明德，在亲民，在止于至善”，我们称为“三纲领”；“格物致知、正心诚意、修身齐家、治国平天下”，这叫“八条目”。杨简针对这“八条目”讲“何其支也”，怎么这么支离！说“孔子无此言”“孟子亦无此言”，孔子没这么说，孟子也没这么说。那孔子怎么说的呢？“孔子曰：心之精神是谓圣。”汉代儒学根据《说苑》《孔子家语》的记载，说孔子讲过“心之精神是谓圣”，这句话我们在先秦文献里还没有看到。杨简又说：“孟子道性善。”既然孔子说心之精神是圣，孟子说性是善，心如果是圣的话，那心怎么能不正呢？“何用正其心，又何用诚其意，又何须格物？”杨简还提出了进一步的证据——“篇端无‘子曰’二字”，这篇文献的开头没有“子曰”。比如《中庸》，一上来有好多“子曰”，但是《大学》里没有“子曰”，这怎么能说是圣人的遗言呢？所以杨简的结论是“《大学》非圣人之言”，非孔门之遗书。这就是南宋心学家提出的一种不同看法。当然，杨简也没有确定《大学》的作者，他只是对二程和朱熹的讲法表示不赞成。

到了明代，明末一位大思想家刘宗周是这样讲的——这话其实不是他自己独创的见解，是汉魏人常说的一句话——“子思……惧圣道之不明，乃作《大学》以经之，《中庸》以纬之。”就是说，《大学》《中庸》的作者是子思。《中庸》的作者我们知道是子思，汉朝人就是这样讲的。汉魏人说《大学》的作者也是子思。子思为什么作《大学》呢？“惧圣道之不明”，就是圣人之道没有彰显、彰明，要进一步发扬它。怎么发扬呢？子思作了两本书，一本是《大学》，一本是《中庸》，这两者的关系是一经一纬。这是刘宗周当时讲的。但是这个话并不是他的创造，因为汉魏时期已经有过这样的讲法。这种讲法就认为《大学》和《中庸》一样，它的作者是子思。应该说这个讲法比起二程的讲法更有渊源，因为汉魏时期已经有这样的讲法。当然，后来朱子说“孔子之言，而曾子述之”“曾子之意而门人记之”，也有他一定的道理。

关于《大学》的作者，最后我们可以提到清初一位思想家的说法作为一个补充，这位思想家就是陈确。陈确其实是刘宗周的学生。据陈确记载，刘宗周活着的时候，因为《大学》里讲“格物致知”，他曾经讲过这样一句话，说“前后言‘格致’者七十有二家”。也就是说，到了明末的时候，刘宗周能看到的专门讲“格物致知”的书有 72 家。我们知道，所谓讲“格致”的其实都是讲《大学》的，不会离开《大学》另讲“格致”。可以说至少在刘宗周的时代，他看到的就有 72 种关于《大学》的著作。其实，今天如果收集关于《大学》的著作，其数量会远远超过这个数字。刘宗周说：“求其言之可以确然俟圣人而不惑者，吾未之见。”就是这72个人都讲“格物致知”的意思，但真正讲得好，可以俟圣人而不惑的我还没看到。可见他对宋代以来讲《大学》的各种文献、学术是有所不满的。陈确比他老师更进一步，不仅对宋代以来讲《大学》的这些学术有所不满，他干脆不承认《大学》是孔、曾所作，也不承认《大学》是圣人之言。他说，“《大学》首章非圣经也”，不是圣人作的经文；“其传十章非贤传也”，不是贤人作的传文。这就是针对朱熹所推断经传的作者分别提出彻底的反对。那你从什么地方可以知道它不是孔子及孔子门人所作呢？他从知行观的角度写了一篇文章叫《大学辨》，说“《大学》言知不言行”，《大学》只讲了知，没有讲行，《中庸》还讲了笃行，《大学》只讲格物致知。他说“《大学》言知不言行，必为禅学无疑”，这个道理有点偏。那时候禅宗还没出现，佛教还没进来，《大学》怎么会是禅学呢？然后他说“不知必不可为行，而不行必不可为知”，所以他的知行观其实比较接近于王阳明的知行观，他是从知行合一这个角度来讲，批评《大学》讲知不讲行，从而推断出《大学》不是圣人之言。

这是历史上关于《大学》作者的几种说法，也是我讲的第二点。

（三）《大学》的时代

《大学》的基本思想就是“三纲领”“八条目”，特别是“八条目”里面所讲的，从修身到平天下这个连续的论述，战国时期的儒家就有类似的思想。《孟子》里面说“天下之本在国，国之本在家，家之本在身”，这与《大学》所论述的逻辑是一致的，思想也是一致的。另外，类似的思想见于《礼记》里面的《乐记》。《乐记》里面引用了子夏的话，说“修身及家，平均天下”，这与《大学》讲的修身、齐家、治国、平天下也是一致的。因此，《大学》的基本思想应该说与《乐记》《孟子》的时代相当，同处于一个大时代。前面讲了《礼记》里面的《学记》很多地方讲到大学之道、大学之礼、大学之法、大学之教，说明它和《大学》篇首所讲的大学之道的讲法也是相互呼应的，应该也是处在同一个时代。所以，我们今天可以笼统地说，《大学》的时代应该是在战国时代，因为它的思想与战国时代的儒学很多讲法都是一致的。

至于说具体在战国的前期、中期还是晚期？这个目前我们还没有一个定论。以前很多学者也有不同的说法，比如说梁启超认为《大学》这本书应该在孟荀之前，不仅在荀子之前，也在孟子之前，这就比较符合朱熹的推论，就是曾子和他的门人、七十子及其后学的这个时代。孟子稍微晚了一点，孟子是学于子思之门人，还不是七十子和他们的门人那个时代。胡适还是赞成梁启超的说法，但是劳榦认为《大学》应该在《孟子》之后。后到什么地方他没说，可能在战国中期的后面。另外，有一些学者认为它是在战国的晚期，甚至还有学者认为它是在秦汉时代，最晚到汉武帝时期。今天大多数学者都不再认为《大学》的成书时间是在秦汉或者汉武帝时期那么晚，而认为《大学》应该是战国时期儒学的一部代表性作品。这个结论的得出当然是吸收了我们近 40 年来或者更长时间以来考古学关于古文献的发现带给我们的对古书新的认识，这一点我就不再多说了。

二、《大学》的古本与改本

《大学》的文本，我们分两个部分来讲，一个部分是讲《大学》古本，另一个部分是讲《大学》的改本。我们先讲《大学》古本。

“《大学》古本”这个概念是晚出的，它指的是《大学》这篇文献在汉代开始传承下来时候的原貌。《礼记》是汉宣帝时期戴圣所编，到了东汉的时候郑玄就为它作注了。郑玄讲“以其记博学，可以为政也”，前面我们讲过了，他把“大学”理解为博学，这是有差误的，但是他后面一句话还是有所见的，这个我们后面再讲。唐代孔颖达编纂《五经正义》，《礼记正义》主要是采用郑玄的注，他自己也作了疏。郑玄注孔颖达疏《礼记》本中的这个《大学》文本被后人称为注疏本《大学》。到了明代，这个注疏本《大学》被称为古本《大学》，因为它是汉代初年传下来的样子，当然就是古本。唐以后，宋元时代的人对这个注疏本不太重视，从北宋以后受到二程和朱熹改本的影响，大家都不用这个古本了，更多采用改本。直到明代开始，因为兴起对程朱理学的反叛，于是首先从《大学》入手，不仅否定了程、朱对《大学》的义理解释，而且完全推翻了《大学》文本的改动，要求回到《大学》的古本。这就是釜底抽薪，从根本上把程朱理学的《大学》论完全推翻。

《大学》的古本本身是没有分章节的。当然，我们今天如果能够出土一件汉代把《大学》分了章的竹简，那自然就是新的发现，就说明汉代的经师对《大学》已经有了分章。但我们现在掌握的文献还没有看到汉代《大学》文献已经出现分章的记载，所以我们现在看到的郑注本原来是没有分章、分节的。但是后人，特别是明朝以后，就把古本也做了分章。分章的方法有很多，其中比较多的一种是分成了六章。从“大学之道”到“此谓知之至也”，这是第一章。第一章是总论，也就是纲领。从“所谓诚其意者”到“此谓知本”，这是第二章，它是解释“诚意”。然后从“所谓修身”到“此谓修身在正其心”，这是第三章，解释“正心修身”。再后从“所谓齐其家”到“此谓身不修不可以齐其家”，这是第四章，是解释“齐家”。而后从“所谓治国必先齐其家”到“此谓治国在齐其家”，这是第五章，解释“治国”。最后从“所谓平天下”到“此谓国不以利为利，以义为利也”，这是第六章，解释“治国平天下”。这是对古本进行分章的情况。

这是《大学》文本的第一种形态，就是《大学》古本。古本的分章为六章，根据这六章建立我们对《大学》的结构和思想的理解，这是我们讲的第一个部分。

接下来我们讲《大学》文本的第二种形态，也就是《大学》改本。如果我们看《大学》古本，就是《礼记》原来的《大学》文献，我们看它的面貌与内容基本是这样的：它的第一段就是我们讲的“三纲领”“八条目”，虽然宋朝以前没有人用“三纲领、八条目”的说法，但它确实是以“三八”为主，就是前面三句话和后面八句话。“三纲领”就是“在明明德，在亲民，在止于至善”，也就是“三在”。“八条目”就是从“明明德于天下”一直到“致知在格物”这八个层次。在《大学》的第一大段里面已经把“三八”的主题提了出来，前面讲“三纲领”，后面讲“八条目”。你可以不用“纲领”“条目”这个说法，但是这个主题已经提出来了。然后看《大学》文本的后面部分。后面是在依次阐明“八条目”里面的六条目，就是除格物和致知以外的“所谓诚其意者”“所谓修身”“所谓齐其家”“所谓治国”“所谓平天下”，明显是按照这个次序来解释那六个条目的意义。因此，这两点是这篇文献最鲜明的特点：第一点就是首段讲了“三八”这个主题，第二点是后面一大部分主要是按照前面讲的次序解释了六个条目的意义。这样我们就能很直观地看到这个文本的主要内容。

这样一来，后人如果仔细解读这篇文献，就会发现两个问题。在唐代以前，大家不是很关注这篇文献，没人研究它；但是到了北宋，开始关注《大学》的人就比较多了。北宋天圣八年（1030）四月，皇帝赐当时进士及第的第一名王拱辰《大学》，就是皇上把《大学》的文本赐给中了进士的王拱辰。后来及第的就赐《儒行》以及《中庸》《大学》。专赐《大学》还是比较少的，那只是在天圣八年，真宗的时代、仁宗的时代就是赐《大学》、《中庸》和《儒行》。《儒行》当然也很重要，但从这里我们可以看出来，《大学》的地位在当时变得很重要，因此研究它的人就很多了，其中包括理学家。理学家对《大学》和《中庸》的重视并不是因为皇帝赐进士《大学》《中庸》，是因为新儒学的义理必须以《大学》和《中庸》为基础，这个从唐代就开始了。因为，道学是要传承孟子以后已经断绝的儒家之道，所以它必须要从《大学》和《中庸》中来寻求这个“道”。二程讲过，我们为什么叫“道学”，因为我们要把已经中断了1400年的“道”接续起来。怎么接续？从什么地方得到它？“千四百年之后，得不传之道于遗经”，“遗经”就是孔氏之遗书，从孔氏之遗书里面找到了“道”的传承。

因此，研究者就发现，理学家尤其是二程，他们特别关注《大学》。刚才我讲《大学》的结构、内容，古本首先讲了“三八”的主题，“三纲领、八条目”；接着讲六个条目，即“所谓诚其意者”“所谓修身”“所谓齐其家”“所谓治国”“所谓平天下”，就是解释这六个条目的意义。二程就关注到这个文本在解读的时候遇到的两个问题，认为如果求全责备的话，其实这个文本的论述并不完整。第一个不完整的是它后面阐释的部分主要阐释了“八条目”的部分，没有阐释“三八”里的那个“三”，就是明德、亲民、止于至善。按照古本的面貌和次序，没有一个独立的部分是来解释三纲领的，这是第一个不完满。第二个不完整就是它本来是“八条目”，却只作了六个条目的解释，格物、致知两个条目为什么没有文字的阐明和解释？所以，二程都作了《大学》改本，都对《大学》这个文本做了改动调整。他们主要的问题意识就是：我们现在看到的《大学》为什么是这样的？他们认为是因为有错简。因为古书是写在竹简上的，竹简的编绳如果断了，重新编绳的时候，单片竹简的位置可能会错。因此他们认为，我们现在看到的古本《大学》的那些缺陷可能不是我们直观上所认定的那种缺陷。如“三纲领”，看起来没有解释，其实是有的，只是它错简错到后面去了，须把它挪到前面。于是二程认为，由于《大学》有错简，要“移徙文字以更订之”，就是把那些错简的文字移动一下，进行迁移更订。这就是更订改动《大学》。二程中的哥哥程颢（程明道）先作了改本，在《二程集·程氏经说》里面就有“明道先生改正《大学》”。他的改订《大学》，就把“诚意”章后面的“《康诰》曰”“汤之《盘铭》曰”“《诗》云‘於戏’”这三句移到前面“三纲领”的下面，再是“止于至善”，认为这就是解释“三纲领”的文字。

然后他把《大学》里面讲的“自天子以至于庶人”一直到“此谓知本”“此谓知之至也”作为对格物致知的解释。“此谓知本”“此谓知之至也”，“知之至”跟“致知”好像有点关联，就是把“自天子以至于庶人”一直到“此谓知本”“此谓知之至也”作为格物、致知两个条目的解释。

这样一个改订，使整篇的结构变成了先提出“三纲领”，然后是对“三纲领”的解释，之后是“八条目”，再是对“八条目”的解释。这个结构是一个四节的结构，即三纲领—三纲领的解释—八条目—八条目的解释。从内容来看，这一改订相比于原来古本《大学》的内容铺陈就显得更明白一些，原来的缺陷得到了一些弥补，解读的时候也会觉得层次更清楚。这是明道先生改订的《大学》。

明道先生的弟弟伊川先生程颐也改订了《大学》。相比于明道先生，伊川先生改订的《大学》在结构上有了变化。伊川先生可能觉得在三纲后面加进对它的解释打乱了经一章，所以他还是维持经一章三纲八目的结构，然后把对三纲的解释和对八目的解释放在一起，这样它的结构就不是四段，而是两段——前面是讲三纲八目，后面是对三纲八目的解释。这个做法就隐含了后来朱熹所讲的经传之分。这是伊川先生改订的《大学》第一个跟他哥哥不同的地方。第二个就是"在亲民"，伊川明确地说"亲"当作"新"，应该改成"新"字，古代的文献其实"亲"和"新"是通用的，但是他说这个"亲"字应该作为"新"来解释。这两点是伊川先生改订《大学》的主要特点。

接下来就到了朱子的改本。朱子的改本吸收了北宋二程先生对《大学》文本的调整，整个内容结构分为两部分，一部分是经，就是《大学》的第一章。第一章包含两部分内容，前面是"三纲领"，后面讲"八条目"，这个部分就叫作经，称为"经一章"。朱子说经一章是"孔子之言，而曾子述之"，就是这个部分。然后明确地说"经一章"讲的是纲领和条目这两个主题："三在"讲的是纲领，一上来就讲纲领；"八条目"是实现"三纲领"的具体方法和次序，他叫作条目。所以，如果从文献上来讲，朱子这个改本一是明确区分了经传：经一章和传十章。经一章为孔子之言，曾子述之；传十章为曾子之意，门人记之。把经和传清楚地分开，这是继承伊川先生改订《大学》的方法。然后在内容上把经一章区分为

“三纲领”和“八条目”，这样我们在掌握《大学》文献的时候就更加清楚了——经是提出主题，传是对主题进行具体的解释。朱熹这个讲法是一个新的自觉。以前明道的改本、伊川的改本没有明确提出经传之分，所以两部分内容的关系就说得没有那么清楚——一部分是提出主题，另一部分是一条一条详细地加以说明。所以，朱熹的经传之分是对于文献理解的一种新的自觉，有了经传之分，对《大学》内容结构的关系就可以有一种更自觉的理解。把主题分为纲领和条目，也是有意义的。因为条目可以说就是工夫条目，理学的工夫论主要是通过条目来建立的，“三纲领”不是工夫，这是朱熹宏观上的区分。

回到二程到朱熹改本的合理性。前面我们讲了，伊川说“在亲民”的“亲”字应该是“新”，这个解释合不合理呢？明道的改本把“《康诰》曰”“汤之《盘铭》曰”“《诗》云‘於戏’”这三句都当作是解释“三纲领”的内容，这个观点合不合理呢？朱熹应该说继承了这两点，因为《康诰》里面讲了“克明德”，当然它跟“在明明德”是对应的。“汤之《盘铭》”是讲“苟日新，日日新”，如果是“亲民”，这个“亲”字跟后面“汤之《盘铭》”里面讲的就不能对应；如果把“亲”解释为“新”，就跟“汤之《盘铭》”中的“苟日新，日日新”讲的“新”字对应上了。“《诗》云‘於戏’”后面有关于“止”的问题，所以它对应“止于至善”。这样看来，把“《康诰》曰”“汤之《盘铭》曰”“《诗》云‘於戏’”这三句作为“三纲领”的解释是合理的，因为《康诰》里面讲的是明德，汤之《盘铭》里面讲的是新，《诗》里面讲的是止，这就全部能对应上了。所以，二程有关于“三纲领”的解释，以及由于把汤之《盘铭》对应于“三纲领”的第二条解释，就必须明确说出“亲民”的“亲”字应当作“新”来解释，以便与汤之《盘铭》对应，从文献上来讲应该是合理的。不能说道学家只是为了迁就他们自己的义理而做这样的解释，即使从文献学上来讲，它也是有合理性的。

朱子不仅对《大学》文本区别经传，分别纲领、条目，还做了一件特别突出的事，就是他不认为在《大学》古本里面有明道先生所讲的对格致的解释。把“自天子以至于庶人”到“此谓知本”“此谓知之至也”作为对格致的解释，朱子不认同，他认为这里有阙文。从文献学上来讲，朱子跟二程的理解有一个不同：二程认为只有错简，没有阙文；但是朱子认为既有错简又有阙文，错简就是解释“三纲领”的部分文字错置到后面去了，阙文就是缺了对格物致知的解释。既然《大学》文本的前面有“所谓诚其意者”“所谓修身”“所谓齐其家”，那就应该有“所谓致知”或者“所谓格物”。但现在文本里没有，怎么办呢？朱熹就从传播《大学》的义理、从道学的角度出发，自己补了一个格物致知传，即“所谓致知在格物者”。补传是解释什么是格物致知。《大学》里这段文本没有了，缺失了，靠什么来补呢？朱熹说自己主要是依据二程先生对格物致知的解释，作了一段补传。当然，朱熹的目的是便于大家学习、掌握格物致知的义理，不是冒充古本。朱熹认为《大学》里面最重要的就是格物，所以他必须要补这个格物致知传。但这也是他后来受到人们攻击最大的一点，很多人说他不应该作这个补传，没有就没有，这不能补。不过朱熹自己也讲了，他不是为了冒充古本，是因为这个地方最重要的环节缺失了，所以他依据二程的思想在义理上补足对格物的说明，也是不得已。这可以说是朱熹改本里最大的一个特点。

最后一点就是朱熹把他所作的改本《大学》编入“四书”，将《大学章句》《中庸章句》《论语集注》《孟子集注》合编为《四书章句集注》，这在南宋以后的经典史和儒家思想史上起了很大的作用。应该说这个做法从根本上提高了《大学》的地位，奠定了《大学》此后八百多年来深远的影响。如果没有朱熹把“四书”编在一起，把《大学》和《中庸》提高到与《论语》《孟子》相同的经典地位，《大学》不可能在这八百多年里产生如此深远的影响。

以上是我所讲的关于《大学》改本的问题。《大学》改本以朱子的改本为最具代表性的形态。

在这一节的最后我们再谈一谈明代的王阳明，前面我讲《大学》古本时并没有具体讲王阳明。“《大学》古本”这个概念是到了明代王阳明才提出来的。王阳明在跟湛甘泉讨论《大学》的时候就开始使用“古本”的概念。这个概念的提出是针对改本，而且要力压改本一头。所以，他作的书叫《大学古本旁释》，也叫《大学古本旁注》，突出“《大学》古本”这个概念。这是一个完全反对程朱理学《大学》论的文献概念。王阳明是针对朱熹的，他认为《大学》本来“无错简之可正”，没有错简，你怎么还改正它？本来“无阙文之可补”，没有阙文，你补什么呢？所以，他把朱熹对格物的解释废掉，建立自己对格物的解释，发明了“心即理”“格物即格心”这样的讲法。晚年他又发明了“致知之说”，就是良知论，阐发他的良知之学。所以，王阳明关于《大学》古本观念的提出和确定，从一开始就不是一个文献学的工作，他是带有明确的思想指向的，就是要废除程朱理学关于《大学》思想和格物的理解，建立起在心学基础上的格物论和良知论。他的《大学》古本的讲法对他自己来说当然是一种关于思想的活动，但是他这本书出了以后，在明清时代带起了一大批研究《大学》

古本的学者，他们追问在文献上到底哪个是正确的，掀起了一波关于《大学》古本研究的高潮。这是我们讲的关于《大学》的文本。

三、《大学》的思想与诠释

《大学》的思想诠释我想讲三点，首先讲《大学》的问题意识和问题的重点。

前面我讲郑玄解释为什么这篇文献叫《大学》，“以其记博学，可以为政”。他前面那半句话可能是错的，可是后面那半句话应该是正确的。《大学》并不是讲博学，可是《大学》包括为政的方面，应该说郑玄指出这一点还是正确的。与《学记》进行对照，我们往往会从狭义的角度理解大学之道，认为大学和大学之道仅仅是教育学意义上的教育之道，主要是讲教育思想。这个理解应该说有一些狭隘，因为《大学》“八条目”里面齐家以后治国平天下，明显是与为政有关系的。所以，郑玄的“可以为政”之说是有所见的。从这个角度来讲，《大学》是把个人修养、社会实践和最高理想放在一起论述的。用我们后来的说法，《大学》应该讲的是内圣外王之道、修齐治平之论，而不仅仅是修己，不仅仅是内圣。它是要彰显内圣王外之道，要建立修齐治平的大道理。正是因为这个特点，我们看关于《大学》主题和问题意识的理解，应该说在历史上经历了几种改变。

唐代以前对《大学》的理解主要侧重在为政论，郑玄就是一个例子，“以其记博学，可以为政”，落在为政。孔颖达也讲了，“此《大学》之篇，论学成之事，能治其国”，都是非常突出为政治国。因此，我们看古人对《大学》的主题和问题意识的重点理解是有不同的，唐代以前它是着重在为政论，也可以说是治国论。

宋代开始认为重点是修身。虽然宋儒也对治国平天下作了解释，但他们把对《大学》的理解的重点放在修身上，因为修身也是《大学》的一个主题，并且《大学》文本明确声称以修身为本。但是，对于修身的重点，宋人是把它放在格物上。这也可以看出学术思想史上的一个变化，就是从宋代开始，几百年里面都把《大学》文献的问题意识和理论重点放在格物上。这一点后面我们还会细讲。到了明代这一理解才发生转变，认为修身论的重点不是在格物，应该是在致知，致知就是致良知，在致良知的基础上来界定格物。

其中具体的变化我们可以再简单地讲一下，唐以前侧重在为政论，汉代以郑玄为代表，唐代的代表是韩愈。韩愈在《原道》里面引了《大学》："古之欲明明德于天下者……"然后他的结论是说"古之所谓正心而诚意者，将以有为"，就是《大学》讲的从"明明德于天下"到"正心诚意"都是一种有为论，不是无为论，以此批评佛老的无为论。这就是从政治上说的。又说"今也欲治其心而外天下国家，灭其天常"，离开天下国家去正心，违反了天然的伦理。"子焉而不父其父，臣焉而不君其君，民焉而不事其事"，就是说在中国五伦中，每一个人在其位置上，都忘了自己的职分。这些都是受佛老无为思想的影响，从根本上违背了《大学》的观点。所以，韩愈主要是把《大学》作为一部政治伦理的经典，用《大学》来维护社会的宗法秩序、伦理纲常和社会分工，强调儒学在《大学》里面所体现的关于社会义务，关于齐家、治国、平天下的思想，用这个来批评当时出世主义的宗教。韩愈对《大学》的引用态度很明显，他是在政治上、伦理上抨击佛教，没有深入到格物致知这些问题上，他的立场还是政治论的立场。所以，我们讲唐以前重在为政论，从郑玄的解释到韩愈的发明都显示了这一点。

宋代以后对《大学》理解的重点从政治论、为政论转移到了修身论，但是修身论的重点在历史上是变化的。这种变化应该从唐代开始说起，一个代表性的人物就是孔颖达。前面我们讲了，孔颖达对《大学》的理解，强调要能治其国，但是他讲《大学》先从诚意开始，“本明德所由，先从诚意为始”。也就是说，孔颖达认为《大学》的修身论应该是始于诚意论，诚意论既是开始也是重点。这种对修身论重点的理解，应该说在某种意义上也是合乎《大学》古本的论述次序的。因为《大学》的古本把对诚意的解释放在特别靠前的位置，于是《大学》修身论的重点在早期集中于诚意。

接下来到北宋、南宋就开始变成格物论，不是把诚意作为《大学》之始、《大学》的重点，而是把格物作为《大学》的基点和入手的地方，这就是二程和朱熹的努力。这个理解有没有错呢？应该说也有它的道理，因为“八条目”的逻辑关系最后归结在格物致知上面，它从“明明德于天下”一直推到最后是“致知在格物”。所以，二程和朱熹重视格物，这在文献上、在整个体系的把握上也是有他们的理由的。

最后的变化发生在明代王阳明的时代，那是对整个朱子理学的《大学》解释的一种反叛，所以特别强调对致知的理解是致良知，把这个“知”解释为“良知”，用致良知来收摄格物和其他的条目。

以上是我们讲的第一点——《大学》主题的问题意识、理论重点在历史上的变化，从诚意到格物，到致知，在发展中的一种变化。

第二点，我们讲一讲《大学》格物论的诠释。

从历史上来讲，关于《大学》思想政治论的讨论没有什么特别的争议、论辩，若说《大学》文本的思想引起讨论和论辩最多的，还是格物。所以，我们简单讲一下关于格物论的诠释在历史上的演变。

首先我们看郑玄。郑玄注释“格物”说：“格，来也。物，犹事也。其知于善深，则来善物；其知于恶深，则来恶物。言事缘人所好来也。”这个讲法，“来”有招引的意思，是说你对善了解得深，就能招引来善的东西，你对恶了解得深，就能招来恶的东西。所以，他说“缘人所好来也”，你自己好什么，什么样的外物就来了。可以说，他所理解的格物是一种道德感通论的讲法。这是郑玄的注释。

郑玄的这个注释当然也影响到孔颖达，但是从唐代来讲，比较有代表性的还不是孔颖达受郑玄影响的注释，而是以韩愈的弟子李翱为代表的一种对格物致知的理解。李翱写了一篇文章，问：“致知在格物”是什么意思呢？然后他回答说：“物者，万物也。”物，就是万物。“格者，来也，至也。”“格者，来也”还是郑玄的讲法，但是他加了一个“至也”，“至”就是到什么地方去，也是“止于至善”那个“至”。然后他解释说，“物至之时”，就是物来到这里的时候；“其心昭昭然”，“昭昭然”是很明白的意思；“明辨焉而不应于物者，是致知也”。什么是格物？就是物来了以后你的心“昭昭然”，非常明白，这是格物。什么是致知？你的心能够明辨于物，可是不执着于物，这叫致知。所以，从“心昭昭然”和“不应于物”这两个讲法，就可以看出李翱所理解的格物致知论是受到了佛教的影响。李翱讲的是心物论，但他是用养心论的讲法来讲，昭昭然而不应于物，更多是一种养心论的讲法，讲出来的不是一种认识论的心物关系。

接下来到了北宋，北宋最有代表性的应该是程颐。程颐说："格，至也，言穷至物理也。""格，至也"吸收了李翱的讲法。当然，"来"也好，"至"也好，在训诂学上都是有根据的，不是哲学家的编造。但是，他特别提出来这点，应当也受到了李翱的影响。"至"是什么呢？"穷至物理也。"就是你穷理要到物上去穷理，你不能离开那个物去穷理，所以他老说"穷至物理"。这是第一种讲法。第二种讲法，他不是用严格的训诂学，而是用理论的解释学，说"格犹穷也，物犹理也"。那什么是格物？"格"就是穷的意思，"物"就是指理，格物就是穷理。所以，"犹曰穷其理而已矣"，格物的意思就是说要"穷其理而已"，其理就是物的理，"穷其理然后足以致之，不穷则不能致也"。用穷理解释格物，这是程颐特别的发明。所以他所建立的对格物的解释是穷理论的解释，不是感通论，也不是养心论。

这个思想就被朱熹完全继承了。朱熹说："格，至也。物，犹事也。"前面讲郑玄注"格物"，"格，来也。物，犹事也"。所以，朱子讲"格，至也。物，犹事也"，"物，犹事也"还是吸收了郑玄的解释。又说"穷至事物之理，欲其极处无不到也"，这个"至"的意思是说你要穷理到物上去穷，并且要很彻底，"欲其极处无不到也"，那才是"至"的意思。如果用一个比较简明的朱熹自己的说法来解释格物，就是"即物穷理"，"即物"就是你到物上去，不要离开那个物。朱熹补《大学》格物致知传说："言欲致吾之知，在即物而穷其理也。""致知"是讲怎么扩充你的知识。如何扩充？就是要"即物而穷其理"。他说："《大学》始教，必使学者即凡天下之物，莫不因其已知之理而益穷之，以求至乎其极。至于用力之久，而一旦豁然贯通焉，则众物之表里精粗无不到，而吾心之全体大用无不明矣。”这里我们不再详细解释了，后面讲格物的时候会有老师把这个问题讲得更清楚。总之，朱熹是继承了二程，用穷理来把握格物的主要精神，同时强调至物、即物，不离开事物，区别于佛教的思想。

明代的代表是王阳明。王阳明解释说，“格者，正也”，“正”是端正、纠正的意思，“正其不正以归于正”。后来他有一个补充，就是“去其心之不正，以归于正”。又说“物者，事也”，他对事、物的了解跟朱熹还是一样的。他特别提出，“意之所在便是物”。他不直接说物就是万物，而是说“意之所在”，就是你脑子里想一个念头，想一个什么东西，这个就是物；你纠正你的意念，这个就是格物。王阳明是用他的正心论来解释格物，而不是从穷理的角度来解释。

像郑玄感通论的讲法，程颐、朱熹穷理论的讲法，王阳明正心论的讲法，代表了历史上对格物观念的基本诠释。这是我讲的《大学》思想里的第二个点，关于格物的诠释。

第三点，我要讲讲《大学》思想的当代理解。

《大学》是一篇古代文献，宋代以后变成了儒家新的经典，在将近一千年的历史上发挥了非常重要的作用。《大学》里面哪些思想是重要的，哪些概念是重要的，我们前面列举了很多。从为政论到修身论的理解的变化，都反映了当时的时代、社会对《大学》中理论的一种选择、一种需要。我们今天来解读这篇《大学》文献，怎样建立我们今天的角度，我觉得是值得思考的。我简单谈点我个人的想法。我认为《大学》在古代被关注的那些问题，也许在今天我们不必那么重视；反而是那些在古代没有受到重视的问题，可能我们今天要更多地加以强调。

为什么《大学》本文只讲六个条目，没有讲格物、致知那两个条目呢？我觉得一定意义上是因为那六个条目的含义是比较清楚的，而格物、致知从一开始意涵就不是很清楚，所以给它作传的曾子门人和七十子后学都觉得有困难。宋代的人特别重视格物当然有其原因，因为宋代的文人要通过科举考试跻身士大夫队伍，所要求的就不仅仅是单纯的正心诚意的道德修养，应考者必须在知识、能力方面达到一个相当的水平，才能通过科举考试。另外，宋代中央集权的官僚制度对于士大夫的要求也不是仅仅做一个道德的君子。因此，穷理说成为这个时代士大夫的基本工夫论，有它的必然性，它要给所有的士人提供一个最具有普遍性的工夫基础，就是格物穷理。

但是，今天我们来看，格物、致知不像正心、诚意在心性修养方面讲得那么直接，甚至我认为传十章里面对正心和诚意的解释中，道德意涵也并没有得到突显。我们看它对正心和诚意的解释，不是从善恶邪正这方面来讲，而是从心不在焉这个地方来讲，所以即使是传，对于正心诚意的道德性的突出也是不够的。因此我想，从这些方面我们可以提出一些对《大学》重点新的理解。

一、今天来看，《大学》陈述的思想里面最应该被突出的是它所讲的以忠恕为中心的儒家伦理。《大学》原文讲："是故君子有诸己而后求诸人，无诸己而后非诸人。所藏乎身不恕，而能喻诸人者，未之有也。"这就是"己所不欲，勿施于人"的恕道，这是很明白的。《大学》把恕道又称为"絜矩之道"："是以君子有絜矩之道也。所恶于上，毋以使下。所恶于下，毋以事上。所恶于前，毋以先后。所恶于后，毋以从前。所恶于右，毋以交于左。所恶于左，毋以交于右。此之谓絜矩之道。"这和《中庸》里面讲的忠恕之道是一样的。《中庸》里面讲"子曰：忠恕违道不远”，什么是“忠恕”？“施诸己而不愿，亦勿施于人。”“君子之道四，丘未能一焉。”哪“四道”呢？“所求乎子以事父，未能也；所求乎臣以事君，未能也；所求乎弟以事兄，未能也；所求乎朋友先施之，未能也。”“君子之道四”，中心讲的就是忠恕——“施诸己而不愿，亦勿施于人。”“己所不欲，勿施于人”，用《大学》的语言讲就是“君子有诸己而后求诸人，无诸己而后非诸人”，这与《中庸》也是一样，先把它的原则提出来，然后列举不同的待人之道。

在《大学》里，这些对于上下左右的强调，包含的不仅是个人的待人之道，同时还包含了社会之道，也就是社会的价值论。所以，以前有学者提出来《大学》所讲的这些君子的“絜矩之道”等都是针对“民”来讲的。因为它是放在治国平天下、治民这个框架下来讲的，所以它不仅仅是讲个人的修身，也包含着治国理政。治国理政就是要树立一个主流的价值观，把忠恕之道树立为社会的主流价值观，在这一点上《中庸》和《大学》是一致的。宋明理学虽然正确地说明了这些文献的意义，但是没有特别强调这些话的意义，也许因为当时社会的主流价值观就是这样。但是今天我想是不一样的。中华文化的主流价值观在很长一段时间里是被否定并切断了的。十八大以来我们才真正提出社会主义核心价值观的建立要有它自己的基础、根脉和源泉，这个根脉和源泉就是中华优秀传统文化的价值观。我想这个价值观，不仅仅是讲仁爱、重民本，很重要的一条就是贵忠恕。忠恕之道是孔子一以贯之之道，是儒家伦理最根本的原则，而且从今天来讲它不仅反映了儒家一贯的伦理追求，同时具有普世性，是有普世价值的，世界宗教议会在开会的时候确认的世界伦理的金律就是“己所不欲，勿施于人”。所以，今天无论是从全世界确立世界伦理的角度，还是从我们中国自己来讲怎么确立社会主义核心价值观、认清社会主义核心价值观赖以支持的基础的角度，《大学》的这一番表达都是很重要的。当然，这个在“四书”里面都有，《论语》里面也讲到了，讲得比较简单；《中庸》里面也讲了，《中庸》讲的与《大学》是类似的。所以我认为，今天读《大学》，可能要转变以往八百年对格物过度的关注，更加重视《大学》对儒家伦理原则和精神的阐述。这是我讲的第一个认识。

二、正心、诚意这两个条目本身没有问题，但是过去的传十章里面对正心、诚意的解释没有突出道德性，或者说道德性突显得还不够。传对正心的解释，我觉得模糊了正心的属性，这还不如没有传，我们直接来讲正心的理解。《大学》特别强调修身论，可是修身论里面有一条没有作为单独的条目来讲，而是附在诚意里面讲的，这就是慎独。我们今天应该重视慎独，将其视为一个独立的条目，因为《大学》里面论述诚意本身也要以慎独来落实。其实我觉得，就传十章来讲，在《大学》的工夫论里面，讲道德修养讲得最明确的还是慎独。对于慎独，文本解释里面讲了，诚意的传里面也讲了，就是强调品德高尚的人即使在独处的时候也要谨慎地修养自己，品德低下的人在私下里独处的时候可以无恶不作，但是他一看到道德高尚的君子就躲躲闪闪，掩盖自己要做的坏事。其实，别人是可以看到你的内心的，掩盖也没有用，因为所有内心的真实都会表现在外面。所以，君子即使在独处的时候也一定要谨慎地修持。这个道德修养的意义还是很清楚的。慎独以修身，这个在《大学》里面讲了，在《中庸》里面讲了，在我们新时代的解读里面，我觉得也应该是一个被强调的重点。

三、《大学》首章“大学之道”第一条“在明明德”。“明德”是中国的古老思想，在周代出现得非常多，而讲“明明德”的不是很多。我们现在能看到的较明确的就是《周易》晋卦象传里的“君子以昭明德”，“昭明德”和“明明德”意思比较接近，“昭”就是广大、彰显的意思。“昭明德”这个讲法在春秋时代比较多见，反而“明明德”这个讲法比较少见。虽然少见，但是它跟历史上“六经”古籍里面各种有关明德讨论的思想是一致的。我们知道，十九大以来中央文献中关于明德的问题开始受到重视，我觉得对于明德这个问题所产生的重视，应该不是直接从“六经”和古籍《左传》来的，更多是由于《大学》的影响力。所以，今天我们提出明德的重要性，这种认识应是来自八百年前《大学》传承的深远影响。如果不是我们已经有八百多年《大学》的深远影响，如果不是《大学》里面讲了“明明德”，恐怕我们今天也不会特别关注到明德。从这个角度来讲，我觉得《大学》的明德思想和“明明德”的说法应该是我们今天强调、提倡明德论的一个主要来源。因此，我们今天要更好地结合中国古代文化里面对明德的论述，进一步阐述阐扬《大学》里面的明德思想，让它为新时代的社会主义文化服务。

曾子与 《大学》

王志民

自古以来，研究一种学术、一本著作，首先要知人识人，只有了解作者，才能更好地理解著作的内涵和意义。所以，讲清楚《大学》的作者是谁，有助于我们理解《大学》的丰富内涵。但是，《大学》的作者问题历来是《大学》研究中争议最大的问题。陈来先生在讲“《大学》的文本地位与思想诠释”的时候，就已经提到作者问题，历史上争议很大、众说纷纭。我讲“曾子与《大学》”，一方面是要讲述关于《大学》的作者问题的几种主要观点，另一方面是着重来讲曾子和《大学》的关系。

序　说

1. 今天我们对《大学》的理解，更多的是根据宋代理学大家朱熹所整理和补充的版本。《大学》的流传有一个历史的过程，从汉代流传到宋代，特别是宋代朱熹进行了整理和补充，对后代影响深远。所以，讲清楚朱熹对《大学》作者的看法，有利于对《大学》内涵的理解和把握。

2. 在先秦儒学的传承、发展中，乃至整个中国儒学发展史上，曾子都是一个非常重要的人物。曾子是孔子的弟子，从传承孔子学说看，从至圣孔子到亚圣孟子，有一百余年，在这一个传承过程当中，曾子是一个关键人物，其地位很特殊，贡献特别大。从这样一个角度讲，我们须要了解曾子这个人物在儒学传承和弘扬当中处于什么地位，做出了什么贡献。讲清楚这个问题，有利于对《大学》的理解，有利于对先秦儒学发展史中整个儒家学说建构的理解，也有利于对“四书”的整个产生、编撰过程的理解。

3. 宋元以后，曾子被封为宗圣，是中国历史上儒家五大圣人之一。孔子有七十二个很有成就的弟子，被封为圣人的却只有两个。其中，一个是颜回，是孔子最欣赏、最能得孔子学说要领的弟子，所以被封为复圣。但是颜回在孔子去世之前，四十岁左右就去世了。再一个被封为圣人的弟子就是曾子，被封为宗圣。宋元以来，在整个儒学传承发展中，曾子就是作为五大圣人之一而受到尊崇的。至圣孔子、亚圣孟子、宗圣曾子、复圣颜回、述圣子思，被誉为五大圣人。可见，在整个儒学的发展和中华文明的发展过程当中，曾子这个人物非常重要，做出了巨大贡献。从这个角度看，也有必要在讲《大学》的时候将曾子的有关问题讲清楚。

我主要从三个方面来讲：

一是曾子的家世和生平；

二是曾子的地位和贡献；

三是曾子的著述与《大学》。

一、曾子的家世和生平

（一）曾子的家世

1. 曾子：鄫国宗室后裔

根据有关历史文献的记载，曾子是鄫国宗室的后裔，应该是贵族出身，但到了曾子这个时期家族就败落了。鄫国存在于春秋以前，地理位置在今山东临沂一带。鄫国本来是夏代大禹的后代，夏之名君少康的儿子曾曲烈被分封到鄫国这个地方。《元和姓纂》载："春秋时为莒所灭。鄫太子巫仕鲁，去'邑'为曾氏。"就是说，鄫国是一个土著的古国，春秋时期被莒国所灭，鄫国的太子巫就逃到了鲁国做官，去"邑"为"曾"。这是曾子家世的渊源和由来。又《通志·氏族二》载："巫生阜，阜生皙，皙生参，字子舆。"就是说，曾子的曾祖即逃到鲁国的鄫国太子巫。从其家族的渊源上看，曾子的确是贵族出身。

2. 曾子之父：曾皙

曾子是曾皙的儿子，曾皙名叫曾点，字皙。《孔子家语》里面说曾点的字是子皙。根据明代包大爟写的《圣门通考》记载：曾皙比孔子小六岁，是孔子七十二弟子之一，也是孔子的第一批学生。因为曾子在唐玄宗以后被历代加封，所以其父亲曾皙也被加封。唐玄宗时期，曾子被封为郕伯，他的父亲曾皙就被封为宿伯。宋真宗时期，曾子被封为瑕丘侯，因避孔子讳，改为武城侯；其父曾皙也被封为莱芜侯，明代又被封为先贤曾子。历史上常常提到的曾子，一般是指曾参。曾皙有时候也被称为曾子，比如明代封他为先贤曾子，但称曾皙为曾子的这种情况很少。

曾点的事迹，文献记载比较少，所幸《论语》里面有一段非常生动的记载，在“子路、曾皙、冉有、公西华侍坐”章。文章中，孔子一一问学生的志向，子路、冉有、公西华都回答了自己在治国从政方面的志向。有关曾点的部分记载如下：

> “点，尔何如？”鼓瑟希，铿尔，舍瑟而作，对曰：“异乎三子者之撰。”子曰：“何伤乎？亦各言其志也。”曰：“莫春者，春服既成，冠者五六人，童子六七人，浴乎沂，风乎舞雩，咏而归。”夫子喟然叹曰：“吾与点也！”（《论语·先进》）

相比于大部分篇章的精言精句，此章对人物活动的描写非常典型，其中人物形象最生动的就是曾点。孔子一开始让子路谈自己的志向，子路就说我能治理千乘之国；然后请冉有来说，冉有说我治理不了那么大的国家，只能治一个小国，让老百姓过上好日子。公西华（原名叫公西赤）说，我的理想是当一个小相，就是主持礼仪的人。曾点没抢着说话，孔子就问曾点：你说说，你有什么理想？下面的话写得很生动，“鼓瑟希，铿尔，舍瑟而作”。这里面只用九个字就写了三个动作，这三个动作表现了曾点这个人的性格。“鼓瑟希”，说明别人在那里侃侃而谈的时候，曾点在弹琴鼓瑟。被老师提问了，他才慢慢停下。“铿尔”，就是最后“嘭”一下停住了，这是第二个动作。第三个动作是“舍瑟而作”，把乐器放好，站起来跟老师说。这九个字写了三个动作，在《论语》里面，这种描写出现得很少。曾皙对孔子说，“异乎三子者之撰”，说我跟前面三位师兄弟说的不一样。孔子就说："何伤乎？亦各言其志也。"没有什么妨碍，各人说各人的志向罢了。曾皙就说出自己的志向："莫春者，春服既成，冠者五六人，童子六七人，浴乎沂，风乎舞雩，咏而归。"夫子长叹一声说："吾与点也！"曾点的意思是，我的理想是到暖春的时候，五六个成年人、六七个小孩子，一起到沂水边洗洗澡，然后到舞雩台吹吹风，唱着歌回来。曾皙在这里描述的场景，完整地勾画出一个淡泊名利者的形象。曾点在当时礼崩乐坏的社会情形下，最大的理想就是过这种超凡脱俗、淡泊名利的生活。但这样一种生活，竟然得到孔子很高的评价和赞许，孔子认为只有曾皙的理想是和自己相合的。我们研究孔子思想的演变，其中一条就是孔子曾经去问学于老子。先秦时期是诸子百家思想的形成时期，特别是在春秋末期儒家学派形成的早期，儒家和道家的思想是相互吸收和影响的。《论语》中记载了孔子对三种隐士的态度：遇荷蓧丈人就"使子路反见之"；遇楚狂接舆就下车"欲与之言"；听子路谈遇到长沮、桀溺就"怃然曰'……吾非斯人之徒与而谁与？'"结合这些态度来理解孔子的思想，就会感到孔子思想与"穷则独善其身，达则兼善天下"思想的相融。由此可见，曾点对孔子的思想是能够深入理解和融入的。虽然没有更多的事例进一步证明曾皙思想与孔子思想的相融相通，但就此一例也可以想见，曾皙应是得孔子思想真髓的弟子之一，这对于曾子能成为孔子思想的最主要传人是有很大影响的。

3. 曾子之子

古籍当中经常提到的曾子比较著名的一个儿子叫曾申。刘向《别录》里记载"左丘明授曾申"，就是《左传》的第一个传承者是曾子的儿子曾申，曾申再传授给了吴起。吴起也是一个大人物，是战国时期诸子百家里最著名的法家代表人物之一。唐代陆德明的《经典释文·序录》记载，曾申从子夏受《毛诗》，传李克。这说明曾申不仅仅是传承《左传》的重要学者，而且是《诗经》传承中《毛诗》的主要传授者。从这里可以看出，曾子的儿子曾申实际上是一个大经学家。

曾子的儿子一共有三个，在《礼记》和其他古籍里面都有提到。长子叫曾元，次子是曾申，第三个儿子是曾华。《孟子》里面提到一个曾西，关于这个曾西的身份，历来有争议：一种说法是曾西就是曾申，名申，字子西，也称曾西；另一种说法是曾西是曾子的长孙，即曾元的儿子。最早提到曾西和曾子话题的是赵岐，他在给《孟子》作的注里认为曾西是曾子的孙子。朱熹《孟子集注》里面也提到曾西是曾子的孙子。但在若干古籍里面，却认为曾西就是曾申，包括当代比较权威的杨伯峻的《孟子译注》，也引到唐代陆德明的《经典释文·序录》，其中引了若干人，专门就曾西进行过考证，最后考证的结果是曾西是曾子（参）的儿子。《孟子·公孙丑上》里面有一段对话："或问乎曾西曰：'吾子与子路孰贤？'曾西蹴然曰：'吾先子之所畏也。'""吾先子"一般是对已逝世的父辈的尊称，所以有的人就认为曾西是曾子的儿子。以上是对曾子家世的辨析。

（二）曾子的生平

1. 曾子的出生地

曾子的生平在《史记·仲尼弟子列传》中有记载："曾参，南武城人，字子舆。少孔子四十六岁。孔子以为能通孝道，故授之业。作《孝经》。死于鲁。"

从这段记载中我们可以发现两点。第一点就是曾子是南武城人。南武城在春秋时期有两个：一个在费县，一个在嘉祥。对于曾子的籍贯是哪一个武城，历来都有争议，比较通行的看法是今嘉祥县。主要证据有如下几个方面：一个就是《史记会注考证》里面引了《大戴礼记》：“曾参，南武城人。”所谓“南武城”，是指以曲阜为鲁都之西南面的嘉祥县。与费县之在曲阜东北者不同，故加南以别之。在后代的考订中，有南武城和北武城；以曲阜为中心来看费县的位置和嘉祥的位置，北武城应该就是现在的费县，南武城应该就是现在的嘉祥。这是第一点。

第二点最主要是根据明万历二十四年《兖州府志》里面的《圣里志》，其中提到曾子：“国朝正统甲子创建曾子庙，于嘉祥南武山之阳……元时碑记可考，故重建焉。”这里面说曾子的庙在嘉祥南边南武山之阳，元代就已经建了，现在是（明代）重建。特别是卷二十二《古迹志·嘉祥县》里面提道：“南武城，世传曾子故里也，在县南四十里，以在南武山下，故名。”为什么叫南武城？原来这里有一座山叫武山。而且《兖州府志》还记载，有人发现曾子的墓地是在嘉祥，所以从多个证明来看，应该说曾子故里是今之嘉祥县。

2. 曾子的生卒年

根据《史记》的记载，曾子比孔子小 46 岁，孔子生于公元前 551 年，可以推算曾子生于公元前 505 年。从生卒年看，曾子应该是孔子晚年的弟子，而且是晚年弟子中更晚一些的弟子。在整个《史记·仲尼弟子列传》里面，比曾子年龄更小的有，但是很少，曾子应该是孔子年龄最小的弟子之一。根据《阙里文献考》记载，曾子比较长寿，活了 70 岁。如果按 70 岁计算，曾子应该是逝于公元前 435 年前后。这个时间距孔子去世 44 年，距离孟子出生 60 年，与孔子的孙子子思的时代差不多。

3. 曾子的生平事迹

以曾子27岁孔子去世、31岁父亲曾点去世为界，曾子的生平大致可以分为前半生和后半生。

曾子前半生主要的经历是从学于孔子，可以说是早年从学，年龄最小。根据有关记载，曾子17岁的时候，因为父亲曾点引荐当了孔子的直系弟子，成为七十二贤之一。七十二贤里面有两对父子，一对是颜路、颜回父子，据说颜回的父亲颜路也是孔子的弟子；再一对就是曾点和曾子父子。清代熊赐履的《学统·正统·曾子》记载："十七岁以父命，从学孔子于楚。"从这里看，曾子拜师的时候，好像还不是在鲁国，而是在周游列国期间。这个记载也有很多人质疑，这里我们不再去考订是不是在楚国。曾子跟从孔子周游列国这件事情比较明确，《孔丛子·居卫》记载，曾子随孔子"游于诸侯"。他们到过哪几个国家？至少到过卫国，也可能到过楚地，因为陈这个地方后来就是楚国的地盘。曾子特别敬重颜回，尤其尊崇颜回的人格，在很多地方效仿他。《大戴礼记》中《曾子疾病》这一篇记载曾子对他的儿子曾元和曾华说："吾无夫颜氏之言，吾何以语汝哉！"意思是说：我没有颜回那么高尚的情操和对人生非常有教益的警言警句，我拿什么教育你们呢！这里面就说明他特别崇拜颜回。

曾子后半生主要是教授生徒，传承孔学。曾子在孔子去世之后，守孝三年。不久，他的父亲又去世，又守孝。守孝期满以后，曾子主要是以教授生徒、传授孔子之道为己任。

根据历史记载，曾子可能到过卫、齐、晋、楚等国。《庄子·让王》记载：曾子居卫时，"缊袍无表，颜色肿哙，手足胼胝。三日不举火，十年不制衣"。说明曾子曾经在卫国居住了较长时间，而且生活很艰难。"缊袍”是指穿的衣服竟然无表（与里子相对），即穿着很破旧的衣服。“颜色肿哙”说明脸部有些浮肿，皮肤颜色灰暗，不健康。“手足胼胝”，可能是劳动很多，手足都很僵硬，五指都分不开了。有时连着三天不生火，十年也不制一件新衣服。这些都说明曾子的生活很艰苦。这里大体还可以推断曾子在卫国待了十年，但是没有其他确凿印证的记录。不过，至少曾子在卫国待过是没有问题的。《韩诗外传》里记载，曾子“亲没之后，齐迎以相，楚迎以令尹，晋迎以上卿。方是之时，曾子重其身而轻其禄”。我们可以理解为曾经齐国、楚国、晋国都想用高官厚禄吸引曾子去他们的国家，但是他似乎没去。因为只有这一段话，不好确定其真实性。一般认为曾子没去做官。这三个国家都是大国，都想让曾子担任最高的官职。但“曾子重其身而轻其禄”，并不看重高官厚禄，所以估计曾子没去这三国任职。也有人考订，说可能去过，但是待的时间不长。曾子为什么不去？我个人的理解是：曾子是个立志传播孔子之道、弘扬儒学，并将其作为终生大任的人，就不愿意再去混迹官场了。这也说明曾子是一个非常有志向的人。从这个角度看，曾子在面对这些大国的聘任的时候，应该是断然拒绝，仍然以教授生徒、传播孔子之道为主。这样理解比较合理。

但《韩诗外传》又曾经记载了曾子一段话：“亲没之后，吾尝南游于楚，得尊官焉，堂高九仞，榱题三围，转毂百乘，犹北乡而泣涕者，非为贱也，悲不逮吾亲也。”意思是，我父母去世之后，我曾经到楚国做了高官，住在高堂大屋之中，“榱题三围”指重檐叠廊，相当豪华的官邸；“转毂百乘”，指有百余辆车供自己及扈从使用，但是我仍然常常面向北方（家乡）而流泪。为什么？“非为贱也，悲不逮吾亲也”，我不是因为官职还不够高，而是因为想孝敬我的父母，可惜他们已经去世了。这既说明曾子可能曾在楚国做过一小段时间的高官，也反映了曾子对父母的缅怀和孝。这是第一点。

第二点就是曾子到过楚国陈地和西河，曾经去做过吊唁活动。《礼记》中有记载："子张死，曾子有母之丧，齐衰而往哭之。"是说曾子的师兄子张去世的时候，曾子正好在为他的母亲服丧，并且当时子张在陈地，但是他仍然不辞辛劳前往吊唁了。《礼记·檀弓上》记载："子夏丧其子，而丧其明，曾子吊之。"子夏晚年丧子，非常悲痛，眼睛都失明了。曾子到子夏那里去吊唁，当时子夏在西河，相当于现在的陕晋交会之地，说明曾子曾经到过西河这个地方。其他的时间曾子主要在武城家乡教授学生，传播孔子之道。曾子的弟子众多，《孟子·离娄下》记载：曾子在武城时，越国人打过来了，曾子就躲避了；越人退了之后，曾子就回来了。有人就议论曾子，说他胆子太小了，不够坚毅。他的学生沈犹行就为其辩解说："昔沈犹有负刍之祸，从先生者七十人，未有与焉。"从这里我们可以看出，曾子弟子已经有七十多人，确实是弟子众多。清代王定安修的《宗圣志》卷十六记载，曾子名弟子有十三人，列了许多人的名字，像乐正子春、公明仪、子思、子襄、公明高、沈犹行等，这些人在《孟子》里面都有提及；另外还有公明宣、单居离、阳肤、公孟子高、孟仪、檀弓、吴起等。

随着孔子地位的提升，曾子也得到历代帝王的赠封。唐高宗时期赠曾子官职为太子少保。唐玄宗时期赠封曾子为郕伯，是封爵位的开始。唐代封爵，宋代则封侯。宋真宗时期封其为瑕丘侯，因犯孔子孔丘之讳，到了政和元年宋徽宗时，改封武城侯，这是封侯之始。在南宋咸淳三年，又加封为郕国公，从侯升为公。根据《周礼》，爵位有五等，公是第一位的，侯是第二位。可见，宋代就已经封到很高的爵位了。元代封圣。元代至顺年间曾子被封为宗圣，加封郕国宗圣公，已经称曾子为宗圣。明代嘉靖年间改称宗圣曾子。自南宋咸淳以来近八百年，曾子作为孔庙大成殿里面的四配之一，享受着供奉。

二、曾子的地位与贡献

宋代大儒程颐曾经这样说："参也鲁，然颜子没后，终得圣人之道者，曾子也。"也就是说，程颐认为能够真正得圣人之道的，除了颜回，就是曾子。这说明曾子在孔子儒学的传承发展中占有很高的地位。

清朝大学问家崔述著有名作《洙泗考信录》，后又做了补充，叫《余录》。《洙泗考信录》及《余录》对孔子及其弟子的事迹都进行了系统爬梳、整理，逐一考订。崔述认为，"曾子于孔门，年最少而学最纯"，即曾子在孔门中是最年轻、最正宗的传人。后代称其为宗圣，可以从这句话来理解。他又说："故孔子既没，后学多宗曾子者。圣道之显，多由子贡；圣道之传，多由曾子。子贡之功在当时，曾子之功在后世。"他把子贡和曾子做了对比。的确，子贡当时在传承孔子之道、弘扬孔子之说方面做了很大的贡献。在所有孔子弟子里面，只有子贡为孔子守墓六年。但是，崔述的评价认为，子贡的贡献是在当时，曾子的贡献是在后代。曾子对弘扬孔子之道有什么贡献？结合前人的研究成果，我认为可以从以下几个方面来总结：

（一）深刻阐发孔子之道

1. 深悟孔子之道

曾子能够深刻领悟孔子之道，而且是领会最深、最得其要领的弟子。

（1）淡泊名利，安贫乐道。前面我们提及曾子坚守孔子的处事之道，其中很重要的一点就是像孔子那样坚守正道、淡泊名利。孔子周游列国，所到之处大多碰壁，但无论怎么样碰壁，他都不改其志。《论语·述而》记载："子曰：饭疏食、饮水，曲肱而枕之，乐亦在其中矣。不义而富且贵，于我如浮云。"吃粗茶淡饭，睡的地方很简陋，但是，心情还是很愉快。用不正当手段来获取功名利禄，对我来讲就像天上的云一样，离我极远，而且一飘而过。这是孔子对待人生、对待功名利禄的态度——淡泊名利，安贫乐道。曾子是这一人生态度很好的践行者、坚守者。《孟子·公孙丑下》提到曾子曰："晋楚之富，不可及也；彼以其富，我以吾仁；彼以其爵，我以吾义，吾何慊乎哉!"像晋国、楚国那些很富有的高官，我是望之不及的；他们可以炫耀富有，但我可以弘扬仁爱；他们显扬高官之权势，我来宣扬我的正与义。各有可以宣扬的东西，我又有什么感到羞愧的呢！这个"慊"表示不如人，和别人有差距，内心感到很羞愧。从这里可以看出，对待高官厚禄、对待仁义的态度，曾子也像孔子一样，不仅安贫乐道，而且对淡泊名利充满了自豪与自信。

（2）最能领悟孔子之道的精髓——忠恕之道。《论语·里仁》有这样一段记载："子曰：'参乎！吾道一以贯之。'曾子曰：'唯。'子出，门人问曰：'何谓也?'曾子曰：'夫子之道，忠恕而已矣。'"这段对话非常重要。孔子对曾参说自己的学说是一以贯之的，意思是有一条主线贯穿，有一整套前后一致的理论体系的。出来以后弟子就问曾子，夫子之道是什么?曾子将其概括为"忠恕"二字，显示出曾子对孔子之道领悟最深，最得孔子之道，最得其精髓。

孔子思想以仁和礼为核心。孔子在《论语》里提到"仁"字109次，提到“礼”74次，在各种场合都说到过“仁”。作为弟子，是怎么来理解“一以贯之”的孔子之道的呢？我们可以将子贡与曾参进行比较。

在《论语·卫灵公》中记载了孔子与子贡的对话：“子曰：‘赐也，女以予为多学而识之者与？’对曰：‘然，非与？’曰：‘非也，予一以贯之。’”大意是，孔子问：“子贡，你认为我的学问是学的东西多而积累得来的吗？”子贡说：“对呀，难道说不是这样吗？”孔子说：“非也，予一以贯之。”这里也用到了“一以贯之”。就是说：我虽然学的很多，但是我的思想是有一个贯穿始终的核心和主线的，而不单纯是学问的积累和广博。孔子对弟子，包括曾子，强调“吾道一以贯之”，就是始终在强调自己的思想——孔子之道是有一个理论核心的。

《论语·雍也》中还记载了子贡请教孔子的话：“如有博施于民而能济众，何如？可谓仁乎？”如果我们能够把自己的资财用来救济众多百姓，怎么样？那是不是就可以称为“仁”呢？孔子说：“何事于仁？必也圣乎！尧舜其犹病诸！夫仁者，己欲立而立人，己欲达而达人。能近取譬，可谓仁之方也已。”就是说：如果能够给老百姓很多好处，普救众生，那不但是做到了“仁”，简直就是圣人了，连尧舜也因未能完全做到而感觉惭愧呢！所谓仁，就是自己想在社会上有所建树，也应该让别人有所建树；自己想做事腾达，也要让别人腾达。如果就近行动，要先从自己做起，推己及人，那你就是找到了行仁的途径。可见，孔子在和子贡的对话当中，不但告诉了子贡什么是仁，而且告诉了他怎么才能够行仁。在这里，“己欲立而立人，己欲达而达人”的思想是孔子之道的一个核心，很值得关注。

另外，在《论语·卫灵公》中还有一段孔子与子贡的对话：“子贡问曰：‘有一言而可以终身行之者乎？’子曰：‘其恕乎！己所不欲，勿施于人。’”在这里，子贡问孔子：“有没有一句话我要一辈子去实行的？”孔子只说了一个字“恕”，并将其解释为“己所不欲，勿施于人”，即自己不想干的事情不要强迫别人去干，这就是“恕”。

综上所述，从孔子对子贡的谆谆教导中我们已经理解到：孔子之道一以贯之的核心就是“仁”，而其“仁”的精髓就是“忠恕”。所以历代学者多以“忠恕”来解读孔子仁的思想核心。所谓忠，就是“己欲立而立人，己欲达而达人”；所谓恕，就是“己所不欲，勿施于人”。对于孔子之道的内涵，孔子向子贡传授时，不仅从多个方面循循善诱地解说，而且为他层层分析，也不乏画龙点睛地一语道破。而对曾子，孔子只是说“吾道一以贯之”，曾子马上就总结出两个字——“忠恕”。从这里来看，最得孔子之道、最能领悟孔子之道精髓的的确只有曾子。

2. 深入阐释孝道

孔子最重视孝，在《论语》当中大量论述孝，其中《为政》篇连续有四段话全是说孝的。孔子认为，孝悌乃“为仁之本”。据说正是由于曾子通孝道，孔子才收他为弟子，而且后人认为是曾子作了《孝经》。可以说，曾子既是阐发孔子孝道的理论家，又是身体力行的实践家。

孔子如何论孝？学生问什么叫孝，孔子回答：第一是无违，就是父母说的话不要去顶嘴，不要去对抗，这是孝。“今之孝者，是谓能养。至于犬马，皆能有养；不敬，何以别乎？”现在人们说孝道，就是物质上能够保证父母吃饱穿暖，这连犬马也知道；如果不敬父母，和这些禽畜有什么差别？这是孔子对孝的一种解释。孟懿子问，如何去行孝？孔子说“无违”，后来进一步解释为“生，事之以礼；死，葬之以礼，祭之以礼”。

这是孔子对实践孝的理解。孔子论孝的地方还有很多，我们就不一一论述了。在这里，我们总结一下曾子是如何传承、发展孔子的孝道的。主要有以下两个方面：

第一个方面是曾子论孝与孔子有相通之处。《孟子·滕文公上》中，孟子说："亲丧，固所自尽也。曾子曰：'生，事之以礼；死，葬之以礼，祭之以礼，可谓孝矣。'"这话和上面孔子的话是完全一致的，说明曾子时时牢记着孔子关于孝道的教诲。

第二个方面是曾子创新发展了孔子的孝论。曾子认为孝对社会有重大影响。《论语·学而》中记载了曾子说过的话："慎终追远，民德归厚矣。"什么叫"慎终追远"？朱熹曾经解释过："慎终者，丧尽其礼。追远者，祭尽其诚。"所谓慎终，就是当父母去世时，要按照隆重的礼节来安葬他们；所谓追远，就是祭祀的时候要诚心诚意地祭祀父母、祭祀祖先。朱熹还接着解释说："盖终者，人之所易忽也，而能谨之；远者，人之所易忘也，而能追之……下民化之，则其德亦归于厚也。"意思是：人去世了以后，他的子孙往往就忽略了，所以要恭敬隆重地安葬；父母去世了很长时间以后，人们往往容易忘了，这个时候就要用有诚意的祭祀去表达追念、追思。如果人人都这样，在老百姓当中形成一种风气，那么社会的道德就会很敦厚，社会风气就会很纯正了。从这里我们可以看出，曾子不但深刻领悟了孔子的孝道，而且对孔子的孝道理论还有所发展。

（二）曾子是孔子之道忠实的践行者

1. 以行仁道为己任

《论语·泰伯》篇中记载曾子的话说："士不可以不弘毅，任重而道远。仁以为己任，不亦重乎？死而后已，不亦远乎？"曾子把传承、推行孔子的学说作为重大的历史责任和长久的人生奋斗目标，如果不拥有一种高远坚定的毅力是不可能做到的。“仁以为己任”，以弘扬孔子的仁道为自己一生的使命，难道这个任务不重吗？这个任务要一直奋斗到死才能结束，难道不远吗？所以从这里也可以看出来，曾子是将弘扬孔子之道作为自己终生的奋斗目标的。

2. 践行孔子孝道

我们举几个例子来说明曾子是如何对待父母的。一个是在父母生前。《孟子·离娄上》记载：“曾子养曾晳，必有酒肉。”今天的理解就是一定是用最丰盛的物质奉养父母。“将彻，必请所与”，先请父母吃完，将撤饭菜的时候，一定要问一下，剩下的给谁。这是“生，事之以礼”。“问有余，必曰有。”意思是，曾晳要是问曾子，你把饭送给我吃了，还有吗？曾子必然回答说：有。为什么必然回答有？是为了不让父母担心。孟子赞扬说：“若曾子，则可谓养志也。事亲若曾子者，可也。”孟子认为，像曾子这样养父母，不但是在衣食上满足父母的需求，而且是从精神上满足了父母的需求。如果能像曾子这样孝敬父母，那就是最好的了。《礼记·檀弓上》还记载：曾子“执亲之丧也，水浆不入于口者七日”。父母去世之后，曾子七天不吃不喝。这是一种极度的悲痛。《孟子·尽心下》记载：“曾晳嗜羊枣，而曾子不忍食羊枣。”是说曾子的父亲曾晳爱吃羊枣，父亲去世后，曾子只要看到羊枣就想起父亲，不忍心去吃父亲曾经爱吃的羊枣。从这里也可以看出来，曾子时时在追思和怀念父母。可以说，无论是在父母生前，还是在父母死后，曾子都是践行孔子孝道的一个典范。

3. 践行孔子修身之道的典范

孔子非常强调自省修身。《论语·里仁》篇：“见贤思齐焉，见不贤而内自省也。”当我们看到优秀的人时，就想像他一样；当遇见不好的人时，就反省自己是不是跟他一样，要引以为戒。在《论语·学而》中记载曾子曰：“吾日三省吾身：为人谋而不忠乎？与朋友交而不信乎？传不习乎？”在《论语·述而》中有“子以四教：文行忠信”的记载。忠和信，是孔子最重视的两种品质。《论语·学而》篇第一章就是“学而时习之，不亦说乎”，学习了应该经常温习。曾子每天反省三遍，就是反省孔子教导弟子时最关心的三个方面的问题：一个是忠，我们前面也已经讲了，忠恕是孔子思想的核心；一个是信，与朋友交是不是讲诚信；再一个就是，学习了孔子的思想，是不是经常温习。所以，曾子也是在忠实地践行孔子的修身之道。

（三）倾力传承孔子之道

1. 曾子与门人编纂《论语》之说

《论语》是记载孔子言行最主要的著作，我们研究孔子、传承孔子的学说，最主要的依据就是《论语》。那么，《论语》是怎么编纂的？《汉书·艺文志》记载：“《论语》者，孔子应答弟子时人及弟子相与言而接闻于夫子之语也。当时弟子各有所记。夫子既卒，门人相与辑而论纂，故谓之《论语》。”这里面有三点说得很清楚：一是《论语》记载的大都是孔子应答弟子的话。或是回答弟子的提问，或是他自己教导弟子的话，所以它是最权威的孔子言论。二是其中有“时人”，即当时的人，不全是他的弟子。当然，主要的还是他的弟子。当时的一些人，还有他的弟子，听到了孔子的话，弟子就各自记录留存了下来。三是孔子死了之后，弟子们将各自记录的内容整理好，编纂成了这本书，叫《论语》。

所以我们来看《论语》，不是太有系统，好像随意问答，这与它的编纂过程有关系。虽然大致上已知道是以弟子们为主编纂的，但细细追究，这里就有一个疑问：孔门弟子众多，是由谁来主持编纂的？弟子都来编纂，总要有一个为主的吧？对此，后人多有探讨。

唐代柳宗元在《论语辩》中认为，《论语》“载弟子必以字，独曾子、有子不然。由是言之，弟子之号之也”。“是书记曾子之死，则去孔子也远矣。”又说：“卒成其书者，曾氏之徒也。”柳宗元的考定、推理是有道理的：他认为在《论语》里面，凡是提到弟子，都是提他的字，例如提到仲由，都是称子路；但是提到曾子、有子时，却称“曾子曰”“有子曰”，称他们为“子”，是尊称；这说明《论语》有可能是曾子的弟子和有子的弟子来编纂的。柳宗元甚至认为，最后编成这本书的是曾子的弟子。朱熹在《四书章句集注·论语序说》里引用程颐的话说：“《论语》之书，成于有子、曾子之门人，故其书独二子以子称。”这说明，在宋代大儒二程及朱熹看来，柳宗元的结论是可信的。

清代大学者崔述在《洙泗考信录·余录》里认为：“《论语》于曾子，不字之而子之，所记曾子言行亦多，疑皆曾子门人所记。盖曾子于孔门，年最少，而学最纯，故孔子既没，后学多宗曾子者。”这里有一句话，“于曾子，不字之而子之”，“不字之”，就是不以他的字来称他，而是称他为“子”，这和唐宋大儒的意见是一致的。但崔述的考证更进了一步：一是《论语》里面记曾子的言行特别多，所以怀疑《论语》应该是曾子的门人编的。这在情理上也是很符合的。二是曾子在孔子的弟子里面年龄最小，学得最好，又长寿，所以孔子去世之后，很多孔子的再传弟子就拜在曾子门下，成了曾子的学生。

我们统计一下，《论语》里面记曾子的是十三章，记子夏的是十一章，记子游的是五章，记有子和子贡的各四章。前面柳宗元说《论语》可能是曾子和有子他们两家的弟子编的，现在看，记有子的才四章，从这个角度看，应该是曾子的门人而不是有子的门人记的、编的更有说服力。并且，在《论语》里面又记载曾子死了，还记载着“曾子曰”，如果只是曾子编纂的话，他不好自己称自己为“子”。所以从这里我们可以得出结论：曾子及其门人是《论语》的主要编纂者。《汉书·艺文志》谓“《论语》者，孔子应答弟子……当时弟子各有所记”，由此我们可以推测，提供资料的主要是曾子，或者曾子保存搜集了其他弟子的材料，最后整理编纂成书的应该是曾子的弟子，或者包括“多宗曾子”的那些弟子和后学。如果是这样的话，曾子对孔子和儒学的贡献确实是太大了。如果没有曾子和曾子的弟子，我们今天就读不到《论语》，或者就不可能有传承下来的这种《论语》。曾子传孔子之道，首先是主持编纂了《论语》。对于这个观点，学术界还没有作为定论来统一认识，但我认为曾子对《论语》编纂的贡献最大是无可置疑的。

2. 曾子是孔孟之间儒学的主要传承者

韩愈认为：“孟轲师子思，子思之学盖出曾子。”（《送王秀才序》）程颐也认为：“孔子没，曾子之道日益光大；孔子没，传孔子之道者，曾子而已。曾子传之子思，子思传之孟子，孟子死，不得其传，至孟子而圣人之道益尊。”（《二程集·河南程氏遗书》卷二十五）先秦儒学的传承，在孔孟之间，孔子传给曾子，曾子传给子思，子思传给孟子。子思作《中庸》，曾子作《大学》，“四书”，所谓中国人的“圣经”，就是孔子、曾子、子思、孟子四大圣人之书。

综上所述，曾子是孔子之道的主要传承人。从以上曾子的生平业绩看，一是曾子是孔子晚年的弟子，又是长寿之人，这应该是传承孔子之道的先天条件。二是在《史记·儒林列传》中记载："自孔子卒后，七十子之徒散游诸侯，大者为师傅卿相，小者友教士大夫，或隐而不见。"意思是孔子死了以后，七十二弟子大部分都散游各地。根据记载，只有曾子一生主要生活在鲁国，在这里传播孔子之道，以传承孔子之道为己任；而且曾子重仁德，行孝道，对孔子之道最得要旨，领悟最深，践行最得力。所以，我们可以认为，曾子确实是在孔孟之间最重要的一个传人。三是曾子是《论语》的主要编纂人。曾子和他的弟子是《论语》主要的资料收集者和编纂者，这个贡献非常大。四是曾子是子思的老师，子思是思孟学派的主要奠基人。虽然对于曾子是否直接授业予子思的问题，由于文献直接记载的缺乏，历来有争论，但是作为子思门人之徒的孟子，他距离曾子去世只有六十年左右，他的记载应该是最可信的。《孟子·离娄下》记载："曾子、子思同道。曾子，师也，父兄也；子思，臣也，微也；曾子、子思易地则皆然。"从思想传承上看，孔子去世之后，"儒分为八"，已经分成了若干学派。两人"同道"，说明的确有师承关系。孟子又说，曾子是老师，相当于父兄；子思是臣，"微也"，是说地位自然低下一等。孟子认为曾子是子思的老师，这是非常主要的依据，他的记载应该最早，也最可靠。而且从孟子来看，孟子是子思门人的学生，又推崇曾子，这也从侧面说明曾子是老师之老师。《孟子》文本中，共有九章、二十二处说到曾子。而《孟子》中对孔子其他弟子和门人提到的情况是：子贡七次，颜回七次，子路六次，子夏三次，子张两次，子游两次。这也可以间接说明，曾子对孟子有比较大的影响。所以也可以这样说，在孔子到孟子之间，曾子是最主要的儒学的传承者，他在儒学发展史上的地位是无人能够替代的。

三、曾子的著述与《大学》

（一）曾子的著述

1. 曾子与《曾子》

《汉书 · 艺文志》上记载有《曾子》十八篇。《大戴礼记》是战国秦汉时期儒家论礼的一些论文及资料的汇编，原来一共八十五篇，现在还存在三十九篇，其中有十篇记载的是曾子的事迹。这十篇都列了题目，我们称之为《曾子》十篇。现在学术界大多数学者也承认《大戴礼记》里面的《曾子》十篇记载了曾子的言行，即便不是曾子自己写的，也是曾子说的、曾子做的，由他的弟子或后学所记载的。所以，《大戴礼记》里面的《曾子》十篇，也可以算作曾子的著作。

2. 《礼记》中记载曾子言行的其他著作

这样的著述有《大学》、《中庸》、《檀弓》上下，还有一篇叫《曾子问》。

（二）曾子与《孝经》

曾子与《孝经》是一个大问题，《孝经》曾经列入了“十三经”，是对后代影响巨大的经典著作之一。

1. 有关《孝经》的作者问题，历来争议很大，质疑也很多

（1）司马迁在《史记》中说：“曾参……作《孝经》。”

（2）班固《汉书 · 艺文志》中却说，“《孝经》者，孔子为曾子陈孝道也”，认为《孝经》是孔子对曾子讲孝道时的讲话记录。也就是说，《孝经》是孔子的著作。

（3）宋代晁公武《郡斋读书志》说，“详其文义，当是曾子弟子所为书”，认为是曾子弟子所作。

（4）清代姚际恒甚至认为：“是书来历出于汉儒，不惟非孔子作，并非周秦之言也。”也就是说，《孝经》不是孔子作的，而是汉代人所作，对《孝经》提出了完全的质疑。

2.《孝经》非曾子自己所作之说

《孝经》里有“仲尼居，曾子侍”这样的话。直呼孔子之名，又直接称自己为曾子，所以，今本《孝经》应该不是曾子的著作。朱熹也认为，《孝经》里面抄《左传》中的话太多，不像曾子之作。

3. 如何认识曾子和《孝经》的关系

第一点，曾子在孔门之中以孝闻名，前面已经讲过。他讲孝讲得最多，他践行孝也是做得最好的；在孔门弟子当中最有资格、最有思想来写《孝经》的，应该非曾子莫属。司马迁说曾子作《孝经》应该是有所本的。

第二点，现在看到的《孝经》，的确又不像是曾子所作，有很多值得怀疑的地方。历史上有人提出来一个观点：汉代司马迁所见到的《孝经》和我们今天看到的《孝经》可能不是一个本子，或者说我们今天看到的可能是经过后人修改了的《孝经》，添加上了一些“仲尼”“曾子”之类的话。

第三点，今本《孝经》主要是宣扬曾子传孝道的一些言论、行为。《孝经》中曾子居传道的主导地位，《孝经》的思想跟曾子是契合的。所以我们认为：很有可能曾子曾经写过《孝经》，今本《孝经》是经过曾子在汉代的后学，或者他的弟子的再传弟子及曾学传人，以吸收曾子的言行为主编纂而成的。所以今天说曾子编《孝经》，从原则上来讲也是可以的。

（三）曾子与《大学》

1.《大学》与《礼记》

《大学》实际上是《礼记》中的一篇，而且是比较短的一篇，全篇一共 1546 个字。

《礼记》不是一个人所写，是出于多人之手。《礼记》里面收的那些文献著作，又是多种文献的杂合，所以《礼记》本身就是一个文章汇编。梁启超将这些文章分为五大类：一是通论礼仪、政治、哲学之文；二是解释《仪礼》之作；三是记载孔子及其弟子的言行、杂事之文；四是考辨古代制度、礼节之文；五是一些格言名句。

《礼记》这本书是怎么编的？汉代的时候，传承《礼记》最主要的有两个人：一个叫戴德，另一个是戴德的侄子戴圣。叔侄两个都来解说《礼记》，但各人解说篇章不一样。戴德讲的叫《大戴礼记》，戴圣解说的叫《小戴礼记》。东汉末年，大经学家郑玄为《礼记》作注解的时候，感觉《小戴礼记》解释得比较好，他就对这个《小戴礼记》作了详细的注释。这样，《小戴礼记》传下来了，就是我们今天看到的“十三经”中的《礼记》。《大戴礼记》原来有八十五篇，也往下传，传到后来还剩三十九篇。

《大学》和《中庸》是《礼记》里面的两篇。戴德、戴圣都没说它们是怎么来的，而且《礼记》是前代人的文章汇编，根本就不知道作者是谁。在《汉书·艺文志》《隋书·经籍志》《旧唐书·经籍志》《新唐书·经籍志》里面，都没有著录作者是谁。就是说，《大学》的作者是谁，这在唐代以前就是个悬案，没人提，没有记载。唐宋以后，特别是宋代以后，《大学》《中庸》被从《礼记》当中单选出来——虽然字数不多，《大学》一千五百来字，《中庸》三千来字——跟《论语》《孟子》合在一起作为“四书”，成为人人都读的教科书。作者是谁？众说纷纭。

2.《大学》作者的多种说法

一种是汉儒及戴圣合编说。既然《礼记》是戴圣的《小戴礼记》，就有人认为《大学》可能是戴圣在编《礼记》的时候和汉代的那些儒家学者合作编的。第二种是著名学者徐复观的观点：秦儒编写说。徐复观认为《大学》不是汉代人所写，而是秦代的儒生写的。第三种是战国后期儒家编写说。这里以清代崔述为代表，他是根据文体来推测，《大学》应该是战国后期的文字。第四种是当代学者唐君毅的观点，他认为《大学》是先秦七十子后学中宗奉孟子之学者编写的。第五种说法是说《大学》是孔子的著作。第六种是汉初大儒叔孙通编写说。另外，还有说作者是曾门弟子的。可以说，众说纷纭。

总体来讲，关于《大学》的作者问题，争议非常大。比较通行的、大部分人比较认可的说法是：《大学》的作者是曾子。我们前面已经讲了，《中庸》是子思所作，那《大学》就应该是曾子最有资格来写了。为什么曾子最有资格呢？朱熹认为，《大学》之文虽然不长，但是它分经和传；开端一章是经，那是孔子说的；后面的十章是传，那是曾子说的，所以主要的著作权是曾子的。朱熹在《大学章句序》中说：“（孔子）独取先王之法，诵而传之，以昭后世。……三千之徒，盖莫不闻其说，而曾氏之传独得其宗，于是作为传义，以发其意。”这个话很重要，说《大学》经部分是孔子总结的从尧、舜、禹、汤、文、武、周公以来的这些先王的学说理论，用来给弟子们讲诵，以传到后代去。那三千弟子当中，没有不听孔子讲的，而曾子是最理解孔子思想真谛的人。于是曾子就来替孔子做解说，来阐发他的意思，所以《大学》有孔经曾传之分。这是朱熹在《大学章句序》里面的说法。

但朱熹在《大学》首章末尾的说法又有所改动。他在首章末尾加上注释：“右经一章，盖孔子之言，而曾子述之。其传十章，则曾子之意而门人记之也。”意思是：孔子讲经，曾子来记载转述；传十章则是由曾子解说，门人记录；由此构成了《大学》的篇章。这样比较合乎实际。所以《大学》一书应该主要是曾子的著作。

从儒学史的角度来看“四书”和道统传承谱系，其对应关系是，《论语》对应孔子，《大学》对应曾子，《中庸》对应子思，《孟子》对应孟子；而这个传承谱系就是，从孔子传至曾子，曾子传至子思，子思传至孟子。由此，我们对“四书”，对先秦时期儒家学说的传承和整个谱系的形成，也就有了一个很系统的解说。

近几十年来，有很多学者试图通过对简帛的解说来证明子思的老师就是曾子，这个关系也越来越清晰。我们可以这样说，“四书”的形成不是偶然的，它们是先秦时期儒家传承体系当中正宗传人——孔子、曾子、子思、孟子四大圣人的产物。

大学之道

王中江

从这一讲开始我们主要来讲解《大学》的经文，讲解《大学》里面具体文本的内容。这一讲的题目叫“大学之道”。

围绕这个问题，我们讨论几点。在引言中，我们先简单地比较一下“大学之道”在现代和古代有什么不同；然后是第一点，我们说说《大学》的“大学”、“大学之道”和“三纲领”；第二点，我们讨论《大学》里面的“大学之道”和“明明德”；第三点，我们从“经文”说起，再到传述“明明德”；第四点，我们讨论“新民”和自我修养；第五点，我们讨论“止于至善”；第六点，我们讨论“无讼”与社会秩序；最后，我们简单讨论一下“格物致知”和朱子的补传。

引言：从古今“大学之道”的不同说起

对古今“大学之道”进行比较，这是一个很大的问题。《论语·为政》里有一句话叫“温故而知新”，这句话告诉我们，通过学习古典和传统的东西，可以掌握很多新的东西。我们也可以反过来说，“知新而温故”，就是了解我们现在的东西，然后再去看过去的，使我们对过去有所了解。现代的“大学”和古代的“大学”，或者说现代的“大学”和中国古代的“大学”，有什么不同？我们为什么会提出这个问题？

看到“大学之道”这个题目之后，我们会联想到美国科学院院士乔纳森·科尔的一部有名的著作，它的中文译名叫《大学之道》。按照英文原名，这本书的中文译名可能更适合译为《伟大的美国大学》，或者像有人建议的应译为《美国大学的卓越之道》。大家注意的话就会发现，在世界上的各种评估中，美国大学在世界著名的一百所大学里面占有很大比例。这个事实大家都承认。人们也许就会问，为什么美国的大学那么卓越，影响力那么大？它的道路、它的大学之道是什么？这本书的译者为什么没有采用《美国大学的卓越之道》这样的书名，而是用我们“四书”里面《大学》的“大学之道”来翻译这本书的书名？

第一，“大学之道”是一个古雅的名字，它的来历久远，译者这样的使用方法又为“大学之道”赋予了一种现代的意义。他的这种做法与近代严复的做法很像，严复翻译现代西方学术名著的时候，其实用的名字都非常古雅。比如，亚当·斯密的《原富》那本书，它的英文名非常长，直译出来是《国民财富的性质和原因研究》，可是严复就用了两个字——《原富》。“原”在文言文中有探究的意思，“原富”就是探求财富之道。仅用“原富”两字，名字非常简洁，也很古雅。

第二，我们要理解美国大学的卓越，是要去了解它的大学精神是什么，它为什么会造就这样卓越的大学。作者不去讲美国的大学获得了多少诺贝尔奖，美国大学有的一个就有几十位诺贝尔奖获得者，这些数字可能会增加美国人的自豪感，但作者主要是探讨美国大学的本质是什么，精神是什么。作者强调大学的核心精神，就是学术自由的发展和探讨，这是美国大学精神中最关键性的东西。作者认为，探究的自由是大学存在的理由。大学首先要自由竞争，学术探讨就是一种典型的自由竞争。有学术上的自由竞争就产生了知识增长和知识创新。知识不断创新，就能给人类带来丰富性的发展和生活质量的提高，就能为人类造就各种各样的福祉。这些都是立足于学术自由获得的自然结果。这是作者在书里面特别强调的。我们想一想中国近代大学的发展，在很大程度上讲，也是在寻找大学之道，寻找大学的精神。

我想举两个例子，第一个例子是北京大学的校长蔡元培。大家只要说到北京大学，都会想到蔡元培。严复大家也知道，他也担任过北京大学的校长，但是他在北大的建设上显然没有蔡元培的功劳大，这一点大家是有目共睹的。蔡元培建立北京大学的核心思想，其实也是强调大学的自由学术探讨，大家非常熟悉他的话——“寻思想自由的原则，取兼容并包之意”。现在大家把这句话简化成八个字，“思想自由，兼容并包”，它的精神就是开放的、包容的、自由的探索精神。当时的北京大学是非常开放和包容的，那里有非常新派的人物，比如说胡适、陈独秀、李大钊等；同时它也容纳了当时的文化保守主义者，他们对新文化提出批评甚至抵制，比如说辜鸿铭。辜鸿铭当时还留着长辫，他在北京大学肯定是一道风景线。当时已经是民国了，大家都剃发了，但是辜鸿铭要做晚清的遗老遗少，还留着他的长辫子。当时的思想开放，主要是接受新学、接受西学，但是仍然可以容纳旧学，可以容纳新学的对立面的不同思想和不同价值，这就是包容的精神。在北京大学的发展历程中，蔡元培的地位为什么特殊？我想就是因为他办大学信奉自由和包容的精神。

再讲一个例子，就是清华大学。清华大学校长梅贻琦在清华大学的历史上也有非常了不起的功劳，他类似于北京大学的蔡元培。他讲的一句话很著名："所谓大学者，非谓有大楼之谓也，有大师之谓也。"他其实也是强调大学的本质是自由的学术探讨和创造。我们知道清华国学院当时有四大导师，王国维就是其中之一。王国维在 1927 年逝世后，清华大学给他立了一块碑。碑文是由陈寅恪撰写的，非常著名。著名在什么地方呢？它同样是强调自由探索，强调自由地去追求学术价值。在碑文里面，陈寅恪写道："惟此独立之精神，自由之思想，历千万祀，与天壤而同久，共三光而永光。"陈先生指出，我们的学术观点可以有不同，我们的学术观点也可能会被后面的人超越，但是学术自由的原则、独立的精神是永恒的。他的这个思想跟蔡元培的话是高度契合的，也可以说跟美国人写的《大学之道》这本书中所强调的大学自由探讨的精神也是契合的。

现代大学主要的特点和精神是追求知识，进行自由的学术探讨，培养各种人才以从事各种职业。我们回顾一下，中国古代大学的本质、特性是什么？从儒家的观念来看，我们可以用"修身淑世"四个字来描述，《大学》里面叫作"修齐治平"。儒家理想的大学主要是为了培养人格、造就人格。人格的培养和造就，又始终是与人的入世、淑世和治世结合在一起的。这样的大学理念很早就建立起来了。中国的教育传统非常久远，最早在夏代就有学校了，学校也分不同的层次。《礼记·学记》里面讲到了中国古代教育机构的设置："古之教者，家有塾，党有庠，术有序，国有学。""国有学"，用现在的话讲就是国家有国立大学，这是在基础教育小学和中学之上的。"国有学"不是国家有学术，而是国家设立大学。古代教育机构的设置有大学，它的功能是什么？就是我们刚才说的"修身淑世"。学校首先是培养人格和品德的场所，其次才是学习知识的地方。到了春秋时期，孔子办私学，要求学生"博学于文"（《论语·雍也》），学生主要学习"六经"。"六经"当时是他们学习的主要的教材。孔子和他的弟子们一起去阅读，一起去思考，一起去讨论。孟子讲大学要明人伦，这是追求道德价值。

确实，现代大学和古代中国的大学很不一样。西方的近代大学是从中世纪来的，中世纪在欧洲其实有早期的大学。欧洲那个时候的大学主要是讲授什么呢？主要是讲授神学。学生们首先要学习神学，其次是学习文学、修辞学等，主要是人文的东西。神学、人文的教化和修养是中世纪大学的核心课程。从这种意义上讲，在儒家传统里面也有类似的东西，学生们主要是学习"六经"，即《诗》《书》《礼》《乐》《易》《春秋》。这些书经过了孔子的编纂与整理。我们从后面的讨论也能看出来，《大学》的作者实际上也是通过引用《诗经》和《尚书》来解释经文。现在我们的大学有各种各样的问题。比如，大家会共同地感受到，现在的大学过于注重知识和技能的培养，对人格、人的心性的培养显然弱化了。这不是学生到了大学后才出现的问题，学生在中小学里面就有了这样的问题。我们过于注重知识、能力的培养，不太关注人格的培养，造成的后果很多。大家现在认识到了这个问题，认识到人格培养和心性培养甚至比知识的培养还重要。知识可以通过努力学习获得，但人格的培养比较复杂，学生不仅应该知道如何做人，还要落实到具体的生活中，落实到日常的行动中去。

一、《大学》的“大学”、“大学之道”和“三纲领”

大学之道，在明明德，在亲民，在止于至善。

我们先来看一下“大学之道”这个说法。刚才我们讲了“大学”的概念。中国的大学历史非常悠久，汉代的国立最高学府叫“太学”，“大”和“太”这两个字是通的。现在我们用“大学”，那个“大”字也可以叫“太”，比如，北京大学也可以叫北京太学。北京大学最初叫京师大学堂，这是1898年维新变法的产物，其他很多的政治改革都失败了，但是京师大学堂作为一个遗产留了下来，它是中国第一个现代意义上的国立大学。北京大学跟欧洲的大学相比历史短，欧洲的一些大学的历史从中世纪算起都有很长时间了，不少有四五百年的历史。有人就说，北京大学的历史应该从汉代的太学算起。这样，北大应该就是世界上最古老的大学之一了。不管如何，中国大学的设置是非常久远的。

中国历史上的大学有不同的称呼，辟雍、泮宫、国学，都是指大学。中国文明里面很早就建立了教育体系。古代的小孩到了十五六岁开始进入大学，现在的学生一般六岁入小学，十八岁上大学，这一点古代跟现代差不多。“大学之道”中的“道”，是中国文化中的核心价值和概念。现在，中文中有很重要的两个词，一个叫“道德”，一个叫“道理”，里面都有

“道”这个字。在古代典籍中，“道德”“道理”这两个词中的每个字一开始都是分开用的。“道”和“德”这两个概念很早就有了，“理”这个概念的产生比它们稍晚。我们要是看《论语》和《老子》，就会发现这两部书里都没有“理”的概念。有时候我们开玩笑说，这两部书都是“不讲理”的。后来，在《孟子》里面就开始有“理”的概念了，《庄子》里面也有“理”的概念。“理”的概念是在战国时期发展出来的一个重要概念。“理”这个字当然比较早就有了，但作为一个哲学概念、思想概念则比“道”晚一点。

一般认为“道”的本意就是道路。中国文化里面讲天道、地道、人道，除此之外，还有鬼道。人死了以后，还有一个阴间世界，鬼也有道。道不断被引申，儒家讲的道，有真理、价值和方法的意思。追求道就是追求真理、追求价值，求道也是求一个好的方法和途径。“大学之道”的这个“道”，应该是指“大学”的宗旨，或者是指“大学”的精神。这是“大学”的核心的东西。“大学”的宗旨和精神是什么呢？就是后面所讲的几句话。

“明明德”中的两个“明”字，第一个是作动词用的，意思就是去彰明德、发扬德、光大德，我们也可以叫展现、发挥我们的美德。“明德”是说光明的、正大的道德，或者可以简称为美德。希腊伦理学里面有个学派，主要讲美德伦理学或德性伦理学，它和后来西方发展出的功利主义伦理学、康德讲的道义伦理学，以及契约伦理学不同，它主要强调人的品德及其培养。亚里士多德特别强调这种美德伦理学，儒家伦理学从这种意义上讲也可以说是美德伦理学或者是德性伦理学。

刚才讲了，在儒家思想中，“德”的概念也是非常古老的。“德”原来的意思是指人的行为。一开始只是表示行为，不包含道德价值判断。但是后来“德”这个字就逐渐开始内在化了，跟心联系在一起，不只是说人有外在的行动，还要追问人为什么会有那样的行动，他的内心世界是怎样的？这就是说，人的行为是有意图的，是有动机的，是有愿望的，人只有那样去想，才会那样去做。好的行为、有价值的行为，往往有好的动机和愿望。因此，后来“德”就跟我们的意识和自觉联系在一起了。在早期儒家文本里面，“德”在很多地方是单独用的。儒家所讲的“德”，都是指道德原则，或者是道德的总目。我们把所有的道德价值都叫作“德”，比如说“仁”“义”“礼”“智”“信”五常，就称为五德；比如说“忠”“孝”，就是两种德。儒家的伦理价值都是在“德”下面去讲这些具体的道德价值。

“亲民”这个词，二程和朱熹认为应该把它读作“新民”。中国古代特别是先秦时期的文字，假借字、通假字特别多。一是因为原来这个字没造出来，没有这个字，要如何表达这个意思呢？就是借字，借一个字用在这里。这是本无其字而借字，就是假借。有一些借了之后就不还了，就这样一直用了下来。但是有的后来表达这个意思的词造出来了，有了新字之后，就有这个字的本字了，原来的字实际上就是一个假借字。这种情况非常多。从这里出发，说“亲”是“新”的假借字，原则上是成立的。那问题是“亲”是否真的是“新”的通假字？“亲民”里的“亲”字在汉唐一直读作“亲”，这是认为这个“亲”不是“新”的假借字。我们知道儒家的伦理价值里面，爱民也好，亲民也好，实际上是很常见的，仁政就是爱民之政、亲民之政。但是确实有一个现象，在先秦其他古典文字里面，“亲民”这个词基本上没有出现过，“新民”倒是有一个例子。虽然我们讲儒家爱民、亲民，都是指为社会大众造福，但是“亲民”这个词其实在先秦时期没有在其他地方出现过。这个地方如果读成“亲”，而在文本上找不到类似的例子，根据就比较弱了。从意义上讲，读作“新”是不是可以？当然可以。因为从二程到朱熹，他们在《大学》里面找到了一些传的内容，确实是讲我们人是如何不断更新自己、不断转化自己的。在这种意义上讲“亲民”的概念就不通了，可能要读作“新民”了。“新”就是革新，或者叫弃旧图新，用在人身上是自我改变。

中国近代著名的启蒙思想家梁启超非常了不起，他培养的孩子也都有影响，其中一个就是清华大学的教授梁思成。梁启超流亡到日本之后，继续做启蒙的工作，自己先后办了两份报纸——《清议报》和《新民丛报》。梁启超写过一篇论文，题目就叫《新民说》。他作的这篇《新民说》，接受的显然是程、朱对《大学》的解读，他不将“亲民”读作“亲民”，而是读作“新民”。这样的思想在中国近代以来和变法维新的追求紧密联系在一起。

刚才我们讲二程和朱熹读“亲”为“新”，但是王阳明没有接受程、朱的意见，仍然把“亲民”解释成“亲民”。确实，“亲民”在汉唐还是读作“亲民”，道理上同样可以讲得通，也不能说不对，这是不同的意见。王阳明讲“亲民”就是“仁民”，就是爱百姓、爱人民。什么叫仁爱？他认为是“达其天地万物一体之用也”（《大学问》），意思是我们不仅要爱人类，我们还要爱物，这是一种非常普遍的爱。不过，今天我们讲《大学》用的是朱熹的版本，将“亲民”读作“新民”也是完全可以的。

“止”是停的意思，“止于”是停在什么地方的意思。郑玄把这个“止”字解释为“自处”，即自己安于什么。“至善”的“至”也是一个修饰词，一般说是指最高的。“至善”就是最高的善。这个“至”字在先秦时期用例很多，现代汉语里面最接近它的字是“最”。但是这个“最”字实际上有一个范围，你没有确定范围就说最，可能有时候就变成了吹牛。比如说，地球上某座山最高、某条河最长，限定了范围是在地球上，你就不能说它是宇宙间最高的山、宇宙间最长的河。“最”是有范围的，是限定在某个范围内说。“至善”一定是讲人的道德里面的最高善，这个“至”仍然是有范围的。

我们简单把这句话翻译一下，大意就是：大学的宗旨，或者说大学的精神，在于彰明人的光明正大之德，在于使人不断地自我升华，在于使人达到最完善的境界。《大学》中的“大学之道”，总体上说，它强调的是人们要彰明、彰显和实现人先天被赋予的美德。这个美德就是明德，我们要去发挥它、展现它。朱熹的解释是这样。王阳明的解释是要去仁爱万物。仁爱万物就是最高的德，就是明德。“新民”，程、朱强调的是人要不断自我革新，不断升华自己，用现代的话说就是我们每个人要不断地去自我发展、去自我实现。“止于至善”是说人要努力追求，最后达到一个最高的善，自安于善，做一个最有德的人。

整体上看，《大学》中的这三句话就是在阐述“大学之道”。从人的自然成长讲，“大学之道”说的是成人之学、大人之学，成就人的大德之学。成就一个大人，就是成就自己的美德。儒家里面区分大人之学和小人之学。大人追求的是道德，是治国平天下；普通百姓追求的是各自的具体利益。这样的不同，就是《孟子》里面讲的“劳心者”和“劳力者”之分，也是不同的社会阶层的区分，劳心者之学就是成人之学、大人之学、君子之学。在儒家里面，大人之学其实就是君子之学，或者说是贤人之学，再往高处说就是圣人之学了，因为儒家始终把圣人看成是人格的最高标准。这虽然非常理想化，追求起来非常艰难，但是儒家说，只要努力、坚持，我们都是可以实现这个目标的。如果我们从小事开始坚持，就可以做到很了不起。这是我们强调的一点，即成就人格、成就我们的美德是“大学之道”的宗旨或者精神价值。

“明明德”虽讲了德，但在这个语境里面，我们看不出来它讲的德是不是我们每一个人先天都被赋予的德。我们刚才强调，“德”这个词本来是指人的行为，就是你做了什么事就有什么德，它并没有讲这个德跟意识的关系。但是后来儒家把这个问题同人性联系起来了。从《大学》这里还看不出来，德是不是先天赋予我们的？这是不是我们人生下来都有的一种能力？行为之德是一个比较客观化的表现，这是人人都能看到的，是人实际表现出来的德行。儒家认为有德的人，一定是做了好事的人。判断一个人是否有道德，要看他的行为，而不是看他说了什么话，或者说他讲了什么道理。当然，讲好听的话也是很重要的，但是在儒家看来，只是讲还不行、还不够，必须要在行动上表现出来。按照儒家讲的，人不仅要言，而且要做；不仅要知，而且要行；就是知行要统一起来，言行要统一起来，这是最好的。不统一，就会出现分裂——我们讲得很好，但是我们做得并不好。现在中国社会里面，很容易出现道德绑架或道德审判，一些人没有首先想一下自己做得怎么样，却总是用苛刻的道德尺度、道德标准去批评别人，一有什么事情，不问是非，就用道德去绑架别人、审判别人，说别人动机坏，这叫“诛心之论”。伦理学界对这个问题有专门的研究。对于这些人来说，道德只是针对别人的，不是针对自己的。道德绑架和道德审判导致的后果之一就是虚伪，或者是假道学，这是很可怕的，这恰恰是一个社会不道德、不健全的表现。儒家强调人的道德一定要表现在行动上，那就是言行合一、知行合一。这是一种非常好的思想。

在儒家的发展过程中，“德”这个字的写法发生了变化。原来这个字的写法是双人旁加一个“直”。走路的时候直行，就是德。有大道不走，天天走斜路、小路，那就不是德。后来这个字加了一个“心”，人的行动通过这个字的构形，就跟心、跟人的意识直接联系起来了。这是强调人的行为受意识的影响，心和直行联系在一起，直着走就是心术正，斜着走就是心术不正。“德”字再演变，它的双人旁也不要了，就直接写成“悳”。直心，即一颗正直的心，这就是德，它将德拉到一个人的内在心灵上去了。出土的战国时期儒家文献里面，这个“德”字全写作“悳”。儒家开始强调人的内在性和外在性的关系了，或者说强调人的外在和内在要统一起来。儒家强调的这种思想后来与它的人性论联系在了一起。人为什么会做善事呢？孟子说人本来有善良的美德，有善良的先天根据，或者说人生下来都有一定的道德能力，我们后天把它发展起来、培养起来，那就是德。所以到了《说文解字》，它讲德实际上讲的是“悳”：“外得于人，内得于己。”在外与人为善，在内则心安理得，自己非常愉悦。也就是说，做好事会让人心里很愉快，而不是表面的。孔子讲“为己之学”，就是必须跟自己的生命联系在一起，跟自己的内在追求联系在一起，它不是应付性的、表面性的“为人之学”，它是完全自愿的。这就是内外统一了，“德”表达的就是这种内和外的统一。《周礼注疏》里面郑玄注“德行”，说是“内外之称，在心为德，施之为行”。这和前面《说文解字》里的说法相比就反过来了——人首先心里要正直，这就是有德；表现出来叫行。内外统一的德就变成强调内心的“德”和强调行动的“行”两个字了。

“德”字写法的变化，说明儒家开始强调人的内在性。

知与行在儒家那里一直是很重要的一对概念。比如，王阳明就非常强调知行合一。但有时候会发生一个问题，我们知道什么是应该做的，但是我们不一定能够做到。这是为什么？其中一种解释就是“意志薄弱”。那么大家会进一步追问，人为什么会意志薄弱呢？这就很复杂了。有人进一步去探求，认为应该做的不做，这不一定是意志薄弱。人是理性的动物，所做的是理性的选择，理性选择的时候，他始终在衡量比较什么样的选择和结果是最好的，而不考虑是否应该这样做。这个问题我们不展开讨论。

儒家把美德的问题、德行的问题跟人性结合起来，对此有很多讨论。《中庸》提出“天命之谓性”，这就是明确讲我们人的本性是由一个外在的、正义的天赋予我们的。这个思想在孔子的后学里面得到了发展，到了《孟子》就发展为系统的性善论，认为我们人先天都有一定的道德能力。后来这个思想进一步发展，“德”和得到的“得”就结合起来了。我们每个人都从上天获得了一种道德禀赋，这叫作“德者得也”。于是“德”就变成了一种得到和获得，道家也这样讲。人的道德从哪里获得？是从先天外在获得。在东西方哲学的比较中，有人说西方哲学是一种外在超越。什么叫外在超越？就是说人从上帝那里来，但人对上帝又有原罪，人和上帝分裂了。中国哲学是内在超越，人的德既内在又超越。中国人解释人的本性的时候，说这是从上天来的，人没有什么原罪，人原来是善的。如果说不善，那是人后天在现实中变得不好了。

儒家和道家其实有一些共同的东西。王阳明讲“明明德”，把“明德”讲成良知；朱熹讲“明明德”，把“明德”解释成一种天理。这个天理就更加客观化了，它是整个宇宙的普遍的、正义的秩序。王阳明更强调人的内在性，强调人内心的美德，朱熹更强调一种外在的天的正义，这是王学和理学之间的不同。我们认为人性其实是很复杂的，不是单一的，甚至有人说人性的善恶是混在一起的。这个问题在现在的伦理学研究中，跟进化论联系在一起，跟基因学联系起来，认为人类道德的起源是人类进化过程中选择和适应的结果。人类的美德更能适应环境，让人类共同体产生优势，人类才能生存下来。这种优势在进化过程中会被人类保留下来，成为人类的基因。但是我们又发现，人类也有自私、自利心，这也是一个演化的结果。不管如何，人类确实可能存在一种先天道德能力，它并不都是人后天学习的结果，而是有着先天的基础。这一点基本上是大家都承认的。

下面我们讲“三纲领”的关系。这个“三纲领”是朱熹的说法。“三纲领”“八条目”总体上是统一的。“新民”从积极方面讲，就是人要不断地完善自己、升华自己，使自己成为一个有德的人。这个事情不是一时的事情，而是人一生要追求的。从消极方面来说，“新民”就是人要克己复礼，克制和约束我们不好的东西，改变我们不好的习惯。人有一种能力叫道德反思，叫内疚，这也是人的一种道德能力。“大学之道”追求的价值可以说是客观的，但是实现这个价值的主体是我们自己，我们每个人都可以通过自己的努力来实现这个价值。“大学之道”同时又和教育有关。人的美德的形成要靠个人自觉和学校培养：一是需要教育，一是需要自己的努力。大学是教育的场所，是教育之地，师长是教育者，实现“大学之道”就是大学的责任。《礼记·学记》里面也讲了“玉不琢，不成器；人不学，不知道”，讲教学相长等，说明人确实需要培养。

二、从经文到传述“明明德”

知止而后有定，定而后能静，静而后能安，安而后能虑，虑而后能得。物有本末，事有终始，知所先后，则近道矣。

这段话的文字是一环套一环的。“知止”就是说知道自己要追求的目标和追求的所在。“得”就是自得、得到、收获。“物有本末”的“物”我们一般解释为事、事情。物不仅是自然物，也包括人造物。事情主要是人做的。“本末”是指根本和末节。关于本末的关系，后面也会谈到。

这段话的大意是：人知道了他应该达到的道德目标，他就能够在意志上坚定；人的志向坚定了，他就能够做到心平气和、保持宁静；人能够保持心灵上的宁静，他就能够安详；人做到了安详，他就能够思虑周详；人能思虑周详，他就能够达到自己的目标，自得其乐。事物都有它的根本和枝末，事情都有它的开始和结束。一个人懂得了事物有本有末、事情有始有终的道理，他就接近了道德真理。

对于这段话，我们强调几点。第一，人要有目标，要有追求，这是人的目标意向。所有人都会有目标、愿望，只是目标大小、愿望大小有不同。目标的设定和人的能力要结合起来。我们设定的目标太高，就可能做不到；但设定的目标太低，又好像我们抱负不高。所以我们确定目标的时候，要选择一个我们能够做到的，避免过高或过低，这个是目标意向。第二，人要有意志，要将目标变成意志。只有目标没有意志，那个目标便是空的。第三，有了目标意向和意志之后，我们就要有执行意向，要付诸行动。意志是导向行动的一个非常重要的环节。我们前面讲到意志薄弱，也叫意志不坚定，或者说这种意志导致不了行动。在追求目标的过程中，有的人志向远大，但是没有结果，这是因为他只有目标意向，没有执行意向。有的人志向远大，但是能力有限，同样不行。如果有执行意向了，这个意向是要始终一贯的，这是一个连续的过程，要一直坚持下去。第四，这段话强调人要成为一个充实的人，就要不断学习，不断去充实自我。这同学习技能是一样的，就是不断提高我们的能力。专习一事，没有三心二意，我们就能够宁静和安详。我们做自己愿意做的事情的时候，大多是比较轻松的，即便是身体很累，内心也可能是轻松的。如果我们不喜欢做一件事，而勉强去做，那我们的内心一定是反感的、不愉快的。第五，人要善于思考。人是高度理性化、知识化的动物，要把事情做好，就一定要深思熟虑。我们要有计划，要想办法把事情做好；如果盲目、随意行动，事情一定做不好。最后，通过这些努力我们就能实现我们的人生目标和自我的价值。

古之欲明明德于天下者，先治其国；欲治其国者，先齐其家；欲齐其家者，先修其身；欲修其身者，先正其心；欲正其心者，先诚其意；欲诚其意者，先致其知；致知在格物。物格而后知至，知至而后意诚，意诚而后心正，心正而后身修，身修而后家齐，家齐而后国治，国治而后天下平。

前面我们提到过“明明德”的含义，第一个“明”字是作动词用的，有彰显的意思；“明德”是指光明、正大的道德、美德；“明明德”就是彰显我们的美德。“治其国”就是治理国家的意思。“齐其家”可以理解为治理好自己的家族。“修其身”就是修养身性，涵养自己的德性。“正其心”的“正”可以理解为端正，“正其心”就是端正自己的心性的意思。“诚其意”这里可以理解为意念发于真诚。“致其知”的“致”是求得、达到的意思，“知”就是知识，“致其知”就是达到完善的认知。“格物”可以理解为探究事物原本的道理。

这段话的大意是说：古代那些想要在天下弘扬道德、美德的人，首先要治理好自己的国家；想要治理好自己的国家，先要治理好自己的家族；想要治理好自己的家族，先要修养自身的品性；想要修养自身的品性，先要端正自己的心性；想要端正自己的心性，先要使自己的意念真诚；想要使自己的意念真诚，先要使自己获得明确的认知；获得明确认知的途径在于认识、研究万事万物本原的道理。通过认识、研究万事万物的道理，才能获得明确的认知；获得明确认知之后，我们的意念才能真诚；意念真诚后，心思才能端正；心思端正后，才能修养品性；品性修养后，才能管理好家庭和家族；管理好家庭和家族后，才能治理好国家；治理好国家后，天下才能太平。

上面这段提出的格物、致知、诚意、正心、修身、齐家、治国、平天下，后统称为“八条目”。这是实现“三纲领”的八个具体步骤。朱熹的注对“八条目”与“三纲领”的关系作了详细的解释。他说：“修身以上，明明德之事也。”这是说格物、致知、诚意、正心、修身是实现“明明德”的具体步骤。另外，这五个条目也是儒家“内圣外王”中“内圣学”的具体组成部分。“齐家以下，新民之事也”，这是说齐家、治国、平天下是实现“新民”的具体步骤。另外，这三个条目是“内圣外王”中“外王学”的具体组成部分。相对于“明明德”和“新民”，“止于至善”与“八条目”的关系比较复杂。“物格知至，则知所止矣”，这是说通过格物致知认识到如何“止于至善”；“意诚以下，则皆得所止之序也”，这是说诚意、正心、修身、齐家、治国、平天下是实现“止于至善”的顺序。我们这里只是简单介绍一下“八条目”，至于每一条目的具体含义，将由各位老师在解读各条目所对应的传文时进行详细的解释。

自天子以至于庶人，壹是皆以修身为本。其本乱而末治者否矣，其所厚者薄，而其所薄者厚，未之有也！

我们先来看一下这一段的字词。“庶人”指的就是平民。“壹”可以理解为全部、都。“本”和“末”前面都提到过，就是根本和末节。“其所厚者薄，而其所薄者厚”这句话中，有两个“厚”字，也有两个“薄”字。在“其所厚者薄”中，“厚”是动词，是重视的意思，引申为加厚、使变厚，在句中是下功夫、努力、重视、修行等含义，朱熹把“所厚”解释为“家”，就是齐家的家；“薄”是形容词，是厚薄的薄，表示修身所达到的程度。在“而其所薄者厚”中，“薄”是动词，是轻视、不看重的意思，引申为使变薄，在句中是不下功夫、不努力、忽视等含义。“未之有”就是未有之的意思。

这段话的大意是：从天子到平民，人人都要以修养品性为根本。一个人的根本被扰乱了，那么家庭、家族、国家、天下等末节要治理好是不可能的。本应受到重视的修身、齐家不被重视，反而对本应是枝末的治国、平天下高谈阔论、夸夸其谈，这是自古及今从来没有过的事情（意思是说，没有人会这样做）。

这段话和前面的“物有本末”都是讨论本末的关系，这里我们合在一起讲一下。“物有本末”一句，朱熹的注为“明德为本，新民为末”。朱熹认为“明德”是更重要的，王阳明也大致赞同朱熹的说法。结合刚才讲到的“八条目”与“三纲领”的关系，那就是以格物、致知、诚意、正心、修身为本，齐家、治国、平天下为末。这段话又提到了“修身为本”，朱熹在这里也用“八条目”解释了何为本末：“正心以上，皆所以修身也。齐家以下，则举此而措之耳。”这里是以格物、致知、诚意、正心为本，齐家、治国、平天下为末，与前面提到的朱注“明德为本，新民为末”的含义是基本吻合的。以上关于本末的讨论，说明儒家对于心性修养之学是极为关注的。孟子也曾讲过：“天下之本在国，国之本在家，家之本在身。”（《孟子·离娄上》）一个人只有先把修身做好，才有资格去谈论齐家、治国、平天下。

下面是对经文的传述。按照朱熹的说法，《大学》的文本中应该是有经文和传文的区分的。经文就是作者原来创作的文字，后面的传文是对前面经文的解释。比较通行的说法认为经文是孔子创作的，传文是孔子弟子曾子的解释。按照朱熹对《大学》经传的分法，传述第一章到第三章分别是解释“明明德”“新民”“止于至善”这“三纲领”的，传述第四章是解释本末的，传述第五章到第十章分别是解释格物、致知、诚意、正心、修身、齐家、治国、平天下这“八条目”的修养次第的。

儒家的经和传之分起源很早。过去一般认为，儒家的经学是从汉代开始的，因为今文经学和古文经学这种经学上的流派确实是从汉代才开始出现的。实际上在汉代，经学可以说是国家体制化的经学，特别是汉武帝之后，开始把儒学立为国家的学问，开始设置五经博士的官职，把经学的体制、体系建立起来了。但在春秋战国时期，其实儒家的经学也是存在的，只是它没有那么强的体制性和制度性。孔子当时开办的私学，学校里主要的课程就是后来被称为“六经”的古代经典文献。孔子辞去鲁国的职位之后，十几年都在周游列国，那时他完全不在体制内，都是在体制外的。当时各个国家进行竞争，孔子在周游过程中遇到了很多困难，但是他仍然带着他的弟子们，一直坚持学习“六经”，追求学术，追求真理。

孔子和他的弟子对经进行学习、背诵，进行讲授，肯定要有对经进行解释的工作。最初的传述就是直接对“六经”进行解释，这叫作传。《周易》有经，儒家给它作注释，就有了《易传》，如《系辞传》《说卦传》等，这都叫作传，是解释《周易》经文的著作。汉代之后，经的范围逐渐扩大了。唐朝初年把《春秋》的三种传——《春秋左氏传》《春秋公羊传》《春秋穀梁传》也列入了经的范围，再加上《周礼》和《礼记》两种礼书，与原来的《周易》《尚书》《毛诗》《仪礼》合称为“九经”。南宋时，又纳入《论语》《孟子》《孝经》《尔雅》，基本确立“十三经”体系。而在朱熹的《四书章句集注》之后，“四书”也变成儒家的经典了。

《康诰》曰：“克明德。”《太甲》曰：“顾諟天之明命。”《帝典》曰：“克明峻德。”皆自明也。

传文第一章并不长，朱熹认为它们是解释“明明德”的。我们简单看一下它的文字。《康诰》是《尚书》里面《周书》的一篇。《尚书》里面包括四种书，即《虞书》《夏书》《商书》《周书》。“周”是指西周，不是东周。《周书》就是西周的国家文献。《康诰》这篇是讲周公对年轻的康叔的告诫，所以叫“诰”。康叔就是周武王之弟，是周公的同母少弟。为了让康叔封爵位以后能够做好，周公作为年长者就去帮助他，写了一篇《康诰》。“克明德”里的“克”是能、能够的意思。《太甲》是《尚书》中《商书》里的一篇。太甲是什么人？太甲是成汤的孙子，是成汤长子太丁之子，是商代的第五代王。但今天的《尚书》里面没有这一篇，这是伪《古文尚书》里面的。但因为先秦文献引了《太甲》这一篇，所以在原来的《尚书》里这一篇肯定是有的。伪《古文尚书》里面有很多内容是后人加上去的，但有些话是原来的《尚书》里面有的，它们在先秦文献里面被引用。有人把这些先秦文献转引的材料收集起来，然后再加一些内容，就变成了伪《古文尚书》。所以，伪《古文尚书》里源自先秦文献所转引的一些话不是伪的，这一点要给大家指出。“顾”的意思是思念。“諟”同我们现在的“是”字相通，是此的意思。“明命”就是光明的秉性。《帝典》就是《尚书》开头的《尧典》，是《虞书》的一篇。《虞书》的“虞”就是夏代之前的虞。“克明峻德”的“峻”在《尚书·尧典》里作“俊”，意思是大、崇高。“克明峻德”就是能明大德。

我们整体上看一下这段话。《康诰》说人能够彰明他的光明之德；《太甲》说人要念念不忘上天赋予他人的光明之性；《尧典》说人能够彰明他崇高的品德。这都是引用《尚书》之文来传述《大学》的经。这段传述中只有最后一句“皆自明也”是作者写的。作者认为，无论是《康诰》还是《太甲》《尧典》讲的这些话，都是叫人自己去彰明和展现他光明正大的品德，这不能靠别人，都要靠自己，这叫“自明”。

朱熹认为这一段是对经文“明明德”的传述。这一章的传述是作者引经据典来阐释，主要内容不是作者自己写的。关于这个问题我们可以回顾一下。儒家的经学我们现在称为古典学，它的起源非常早，先秦时期的典籍已经把“六部书”称为“六经”了。如当时的《尚书》就叫《书》，其他经也大多是一个字。《书》后来之所以叫《尚书》，有两种解释：一是说指上古之书，一是说《尚书》就是最高的书。我可能更倾向于第一种说法，它是从遥远的时代开始流传下来的，别的书都没有保存下来，只有这部书保存下来了，它的历史跨度非常大。先秦时期人们开始学习这些著作，这些著作已经被权威化、经典化了。历史上的经典代表了人类的创造，是权威性的著作，人们可以引用其中的字句为自己的思想提供根据。先秦人们就习惯了引经据典，而且出现了固定的格式。比如引用《尚书》，人人都会说“《书》曰”，就是《书》里面说。但是引用《诗》，主要不叫“《诗》曰”，而叫“《诗》云”。东周时代也叫“《诗》云时代”，大家普遍引用《诗》，如果外交官交涉时不能引用《诗》，仅凭这一条就能说这个外交官不合格。统计一下，在《论语》《孟子》《左传》《国语》《墨子》《荀子》《礼记》等这些书里面，对《书》的引用有198条，其中《荀子》引《书》最多。但与《书》相比，引用《诗》的更多。

《大学》传述“明明德”的时候，引用了《书》里的《康诰》和《帝典》，强调人要能够彰明自己的大德。《康诰》和《帝典》说，这是我们能够做到的。还有按照《太甲》的说法，人的美德具有先天性，它是上天赋予我们的。我们刚才讲“明明德”的时候，看不出人的明德是从哪里来的；但是在这个地方，我们就可以看出来了。《大学》里面说人的明德具有先天性，人的美德根源于天，这个思想跟《中庸》的“天命之谓性”

可以进行比较。人应该时刻牢记上天赋予我们的美德，不要忘记它，这才是人的初心吧。

《大学》传述第一章主要是引用经典，只是最后用三个字“皆自明”来总结，强调人能够通过自己去彰明和实现自己的美德，这是强调人的道德主体性。从古至今，这在儒家里面是非常重要的。就是说，儒家强调人有道德能力，也强调人的道德意志。庄子讲：“知天之所为，知人之所为者，至矣。”（《庄子·大宗师》）天能做什么，人能做什么，这是不同的。孔子讲“为仁由己”（《论语·颜渊》）、“人能弘道”（《论语·卫灵公》），孟子区分不能和不为。人有能力做，但不做，就是没有意志和斗志。这就是强调人虽然有先天性，但是后天还要努力去做，美德要靠自己。人贤不贤、德不德，实际上是看他做了什么事，最终结果还要看人努力不努力。

三、传述“新民”和自我转化

汤之《盘铭》曰：“苟日新，日日新，又日新。”《康诰》曰：“作新民。”《诗》曰：“周虽旧邦，其命惟新。”是故君子无所不用其极。

这一段是对“新民”的解释。汤就是成汤，是商朝的第一个开国君王。先秦铭文更多的是颂扬先祖的美德、功勋，同时也有告诫自己的作用。这个《盘铭》就是刻在器皿上用来警示自己的箴言。“苟”是假若、如果的意思。“新”的意思是更新，这里的意思是沐浴，又引申为精神上自我的不断弃旧图新。“作”是振作、激励。“新民”就是弃旧图新、去恶存善，强调人要不断更新。周朝是一个古老的王朝，它的起源非常早。开始它只是一个小部落，后来成为天下共主，它是一步一步强大起来的。“其命”是说周人认为周朝被赋予天命，取代了商朝。“其命惟新”的“惟”是助词，没有什么实际意义。“是故”，即所以。“君子”一开始指贵族，后来指品德高尚的人。“极”是顶点。

这一章的大意是，商汤王刻在盘上的箴言说：“人若能够一天天更新自我，就应该天天更新，更新了还要更新，不断地变化。”《康诰》说：“激励人们不断地弃旧图新。”《诗经》说：“周虽然是一个旧的邦国，但它总是要承担新的历史使命。”因此，君子无时无刻不竭力去完善自己，时时刻刻都要去努力提高自己。

这一章我们要强调几点。第一，汤的《盘铭》用沐浴作比喻，来强调做人，强调人的身心也要不断变化和转化。《礼记・儒行》说“澡身浴德”，就是说人洗澡可以培养自己的美德。可能因为洗澡是我们反省自己最好的时候吧。《庄子》说，我们在冰天雪地里面也可以创造我们的精神，好像那个环境对我们有一种特别的触景生情的作用。这章强调教育人们、鼓励人们努力去完善自己。人要完善自己就要提出一个高的要求，要坚持不懈，要不断去努力。

第二，人要悔过自新。我们难免有过失、有过错，所以要进行反思、反省。这是从消极意义上讲的，要改正我们的过错。从更加积极的意义上讲，人要不断去充实自己，使自己好上加好。孔子讲，如果一个士老想着过安逸的生活，那他就不能成为一个士。

《孔子家语》里面有一个故事，是讲子贡追随孔子学习，追求真理。

子贡是孔子弟子里面最有能力的人之一，他积累了大量财富，对孔子也非常忠诚。有一天，他突然感觉学习、工作很辛苦、很累，想休息，就向孔子请教。孔子说，为君主工作怎么能休息呢？不行，一定要做好本职工作，这是为国家效劳，再累也要坚持。可能大家都很辛苦吧，是不是也觉得应该休息？该休息的还是要休息，不能“5 加 2”“白加黑”“996”。这首先是大家的权利。我们当学者的，好像很多是白天上班，晚上还要工作，但那是自愿选择的，你不能把它制度化。孔子讲的不能休息是对人的整体要求，不是说你不应该有休息的时间。子贡说我不想工作了，我想退休回到家里去侍亲，那是不是可以轻松一点呢？孔子说不行，你侍奉父母同样辛苦。你要尽孝，同样要辛辛苦苦的，不能安逸。子贡又说，侍亲不能休息，那我回家服务妻子行不行？我在妻子面前能不能偷偷懒、休息休息？孔子说不行，你也要好好服务妻子。从这一点上讲，孔子好像对妻子非常好。过去说孔子好像有男女不平等的思想，对女性好像有偏见，其实这个故事就是一个反例。孔子说男的在家里要好好做事情，帮助妻子，这个思想我们要把它突显出来，不能老是讲孔子说“唯女子与小人为难养也”这个话。在妻子面前不能休息，那在朋友面前呢？我交朋友的时候是不是能放松？孔子说也不行，交朋友也要好好交，交好朋友也不容易，也很辛苦。最后子贡说，难道我就没有能休息的时候了？孔子说，死了就可以休息了。但是，作为一个好人死后的休息和作为一个不好的人死后的休息是不一样的。好人死了才能真正安眠，如果是坏人，死了也会不得安宁的。死的意义重大，君子死后才可以休息，小人死后则不再作孽了。这个故事告诉我们人生要不断地努力。

第三，我们说一个国家要不断地革新才能够有活力，所以说旧邦新命。一个古老的国家，要不断赋予自己新的历史使命才能够弥久常新。在讲到这个问题的时候，人们经常会提到四大文明古国，只有中国自强不息地一直延续下来了，其他的后来都衰落了。这说明，中国人有一种自强不息的精神和斗志。现在我们还是强调自强不息，国家和民族要实现伟大复兴，只能努力往前走。逆水行舟，不进则退，一个民族如果失去了创造力，失去了伟大的追求，那它一定是会衰落的。“周虽旧邦，其命惟新”，对我们现在仍然是有意义的，中国人在这点上也展现出了一种“旧邦新命”的气度。

四、传述“止于至善”和自我修炼

《诗》云：“邦畿千里，惟民所止。”《诗》云：“缗蛮黄鸟，止于丘隅。”子曰：“于止，知其所止，可以人而不如鸟乎！”《诗》云：“穆穆文王，於缉熙敬止！”为人君，止于仁；为人臣，止于敬；为人子，止于孝；为人父，止于慈；与国人交，止于信。

《诗》云：“瞻彼淇澳，菉竹猗猗。有斐君子，如切如磋，如琢如磨。瑟兮僩兮，赫兮喧兮。有斐君子，终不可諠兮！”如切如磋者，道学也；如琢如磨者，自修也；瑟兮僩兮者，恂栗也；赫兮喧兮者，威仪也；有斐君子，终不可諠兮者，道盛德至善，民之不能忘也。

《诗》云：“於戏前王不忘！”君子贤其贤而亲其亲，小人乐其乐而利其利，此以没世不忘也。

这一章传述总共引《诗》5 次，分成三节。第一节引用了三句《诗》，有一个概述，主要讲什么是“止于至善”。其中，“邦畿千里”这句是引自《诗经·商颂·玄鸟》。“邦畿”，是指都城及其周围的地区。如果类比的话，现在的北京市区和北京郊区就相当于邦畿。过去认为邦畿之区是首善之区。“邦畿千里”就是说，那个时候邦畿的范围很广，是人们所向往的地方。

我们先来解释一下这一章的疑难词汇。“惟民所止”的“止”有停止、居住的意思，有自安的意思。“缗蛮黄鸟”中的“缗”就是“绵”，是鸟的叫声。“止于丘隅”的“隅”是一个角落，“止”是栖息。再后面引用了孔子的一句话，但是现在通行的《论语》里面我们看不到这句话。孔子的话在很多地方被引用，有的我们其实不知道它最初出处在哪里。宋代和清代都有人编《孔子集语》，就是把历史上各种书里面记载的孔子的话归到一起，研究孔子的时候，这些都是第一手材料。当然这里面有一个问题，就是这些话是不是都是孔子讲的呢？会不会是弟子说的话，然后说是老师说的？判断起来非常难。但是我们一般认为《论语》《礼记》《周易》里面的话应该是孔子讲的。“穆穆文王”的“穆穆”就是美好端庄的样子。“缉”是继续；“熙”是光明。“瞻彼淇澳”的“淇澳”是河水弯曲的地方。“猗猗”是美观茂盛。“斐”是文采。“如切如磋”的“切”原是指加工骨头把它变成器物；“磋”是加工象牙，那时候大象应该不是保护动物，还允许加工象牙，现在为了保护大象，不能随便加工象牙了。“如琢如磨”的“琢”原意是加工玉器；“磨”是加工石头。“切、磋、琢、磨”每个字都有不同的用法，现在就混在一起用了。它们的引申意义就是比喻互相商量研究，学习彼此的长处，纠正自己的缺点。“瑟”是矜持端庄；“僩”是威武；“赫”是光明；“喧”是显著；“諠”是遗忘。“道”是说。“道”本来指“路”，后来才引申出“说”的意思。“恂栗”就是恐惧。“於戏”读作“呜呼”。“前王不忘”的“前王”指的是周文王和周武王。先秦时期，只称上古五帝为帝，夏到周的天子都称王。春秋以后诸侯国的国君也有称王的，那属于僭越，不合乎礼了。

这一章比较长，它的大意是：《诗经》说，京城及其周围都是老百姓向往的地方。《诗经》说，绵蛮叫着的黄鸟栖息在山冈上。孔子说：连黄鸟都知道它应该在什么地方栖息，为什么人还不如鸟，不会选择一个好地方？《诗经》说，品德高尚的文王，为人光明磊落，做事始终庄重谨慎。做国君的，要做到仁爱；做臣子的，要做到恭敬；做子女的，要做到孝顺；做父亲的，要做到慈爱；与他人交往，要做到讲信用。我觉得这句话现在也是真理。比如说与人交要讲信用，那才能交真朋友。不说真话、不交心，怎么交朋友？儒家强调子女要孝顺，同时强调父母要慈爱。过去人们老说儒家很片面，老是讲子女要孝，好像说父母怎么做都行，其实不是。如果父母不慈爱，子女仍然能做到孝，那当然更了不起了。但是儒家说的是父慈子孝，是相互的。人与人之间的关系也是相互的，是彼此都做好自己应该做的事情。

《诗经》说，看那曲水弯弯的岸边，嫩绿的竹子郁郁葱葱。有一位文质彬彬的君子研究学问，修炼自己，如加工骨器，不断切磋，如打磨玉石，反复琢磨。他庄重开朗，仪表堂堂，这样一个文质彬彬的君子真是令人难忘。一个好人，一个与人为善的人，大家都愿意与他交往，或者至少是很尊敬他。传述作者说，这里说的加工骨器、不断切磋，是指做学问的态度；这里说的打磨美玉、反复琢磨，是指人修养自我的精神。说他庄重开朗是指他内心谨慎而有所戒惧，说他仪表堂堂是指他非常威严。这样一个文质彬彬的君子，品德非常高尚，达到了一个非常高的境界，所以这个人真是令人难忘。老子讲过“死而不亡者寿”，这个长寿不是说一个人活到90岁或者更久，而是指一个人去世了还被人家牢记。学习历史也是一种长寿之道。通过学习历史，我们可以了解古人的生活，就好像我们每个人都活了几千年。有人说学习历史的益处，第一是增长知识，第二是提升我们的想象力，第三是培养我们的美德；我再加一条，它可以增加我们的寿命，是人的长寿之道之一。

《诗经》说，前代的君王周文王、周武王让人难忘。之所以难忘，是因为君王贵族们能以前代的君王为榜样，尊重贤人、亲近亲族，一般百姓都能感受到恩泽，享受安乐，能获得利益。所以，虽然前代君王已经去世，但人们还是永远不会忘记他们的。历史是不断被记忆的，有美德的人是会被人纪念的。今年是哲学家张岱年先生110周年诞辰，经陈来教授提议，我们中华孔子学会“五一”的时候一起给张岱年先生组织了一场祭拜活动。人不多，我们在北京的天寿陵园里面祭拜张岱年先生，陈来教授宣读了祭文。我们认为张岱年先生不仅学问好，而且品德高尚、德高望重。这一点是大家公认的。

这一章从整体上来看，第一，它主要是用《诗经》来解释“止于至善”，也用了孔子的一句话，这句话我们现在还不知道它的来源。

第二，它强调国家的京畿地区是首善之区，是人们向往的地方，但是更强调我们要选择美德。孔子的解释是强调人要善于选择合适的地方居住。其实，大家都知道什么是好地方，但是有时候我们获得不了。因为现在空间资本化无处不在，好的空间太贵了。古代中国的空间里面，儒家主要跟庙堂结合在一起；佛教、道教则将山水之间视为好地方。现在可供选择的好地方有限，怎么选呢？不是选空间好的，是选人好的。这里好人多，我们就愿意在这里住。孔子讲“德不孤，必有邻”（《论语·里仁》），人遇到不好的邻居是很痛苦的。《论语·子罕》记载说孔子要去偏远的地方居住（“欲居九夷”），有人说那个地方太简陋、太偏僻了，怎么能住呢？孔子就说：“君子居之，何陋之有？”就是说，尽管不好，但是一个好人住了，这个地方照样能被改变。老子说“居善地”，居住要选一个好地方，再加上好人，当然是双好了。但是，我们如果找不到好地方，首先也要做好人，这一点是我们能够做到的。

第三，人要善于选择，要善于实现自己的道德价值，要各安己分，安于自己的职责，做自己应该做的事情。这就是传述里面讲的，君主也应该做好自己的事情，不应该只要求大臣怎么做。至于为人子、为人父、与人交往应该怎么做，其中都有道德价值和标准。这点非常重要。人有时候就是不安其分，自己的事情做不好，还老是去批评别人。

第四，它特别强调追求美德，强调人做各种各样的事情是不断切磋学习的过程，是不断修炼的过程。

第五，它强调人学习应该有榜样。儒家特别强调学习的榜样，榜样可以说是一种力量。有时候我们把儒家的伦理学叫作示范伦理学，因为儒家总是要树立一些榜样，强调做人应该向榜样学习。现在建设精神文明，好像也是这样做，评选道德模范，树立榜样。我们希望这些都是真的，如果是包装起来的就很麻烦。有时候人为了名，就去包装，最后连真正的道德模范也会被抹黑。有时候坏的事情产生的影响是非常大的，即便只是个例。

五、“无讼”与社会秩序：传述“本末”

子曰：“听讼，吾犹人也，必也使无讼乎！”无情者不得尽其辞。大畏民志，此谓知本。此谓知之至也。

这里引用的孔子的话，《论语》里面是有的。“听讼”就是听理诉讼。孔子说，我审案子跟别人好像没有大的差别，我的能力好像也不比别人强。“无情”的这个“情”是指“实”；“无情”是说不是真实情况，不是指人很冷漠。这里的“尽其辞”是指说了很多隐瞒真实情况的话。“畏”是敬服、心服；“民志”是民心、人心。这一章的意思是说，孔子说：审案子，我和别人一样，没有什么特别高明的地方，但我的目的在于不让诉讼发生。作者评论说，要让隐瞒真实情况的人不敢再去花言巧语，要让人都知道这一点，人心敬服，就抓住了根本。这也是最高的知。

在孔子看来，“无讼”比起善于诉讼更根本。孔子当过法官。公元前499年，即鲁定公十一年，这一年孔子52岁，他开始担任鲁国的司寇，类似于国家最高法院的院长兼最高检察院检察长；同时又代理相事，类似于国家的总理，这个身份非常重要。孔子是审理过案件的，总理刑狱和政事，虽然时间非常短，但是使鲁国发展得非常快。当时的齐国很担心，因为如果鲁国强大了，就会对齐国产生影响。于是齐国派人到鲁国，送了很多礼物给孔子，离间孔子和鲁国国君的关系。孔子没有办法，最后只好辞职周游列国去了。

孔子担任鲁国司寇时，鲁国大治，国人颂之，老百姓都称赞孔子，说孔子非常公正。这一点我们不用多讲，这里我们讲孔子为什么说不去诉讼。他的考虑是要让人们不轻易去诉讼，或者说不让人轻易产生矛盾。孔子当司寇的时候，一对父子之间发生了诉讼，父亲告儿子不孝。孔子把父亲和儿子同时抓了起来。抓起来后不去审理，也不判决。这个时候父亲着急了，说你把我们抓起来，也不审理，我们两个不诉讼了，我不告儿子了，你把我们放了吧。于是孔子就释放了这对父子。对于孔子的做法，大家怎么看？季孙氏听说这件事之后非常不高兴，说司寇你欺骗我，过去你告诉我，治理国家的人必须把孝放在第一位，现在父亲告儿子不孝，你应该严厉惩罚那个不孝的儿子，但为何关了三个月就把他们释放了？不去审理，也不说谁对谁错，就释放他们，这是为什么呢？季孙氏去质问孔子，实际上是批评孔子。孔子的回答跟"无讼"有关系，就是能够不告状的千万别告状。

中国人说家丑不可外扬。亲人之间诉讼，首先有损名誉，其次也很痛苦。孔子怎么解释这个问题的呢？他说："上失其道而杀其下，非理也。"这就是说，我们这些治理国家的人没有好好教育百姓，致使他们犯错误，我们应该承担责任。现在他们有了过错，我们不承担责任，还把他们抓起来，然后去惩罚他们，这是不人道的，也是不应该的。我们首先应该检讨，应该自我批评。孔子这个话的境界就很高了。儒家确实说，你不要轻易去惩罚人，如果确实是重罪，那就轻判，宁轻勿重，惩罚的目的是要去拯救人，而不能以惩罚本身为目的。孔子强调的是以人为本，或者说是教化优先。

现在世界上诉讼最发达的国家应该是美国，可以说，美国人人都有律师，大事有律师，小事同样有律师。金岳霖、张奚若当年在美国留学，有一次张奚若让裁缝店做了一身衣服，衣服做得不合身，让裁缝店修改，裁缝店不愿意修改。这时金岳霖就说，找我们的律师去。一听说找律师，裁缝店就赶紧给他们修了。现在很多美国人一遇到事，马上就说“找我的律师去”。这就是美国的无事不讼。美国的律师业很发达，律师这个职业是很能挣钱的职业。相比之下，孔子提倡“无讼”，不需要诉讼，自然也不需要律师了。这是最好的境界。中国现在的司法实践中有一个很好的做法，就是先调解。调解是补充硬性法律的好东西，不少事情确实可以通过调解解决。“无讼”是孔子的理想。作者传述的宗旨就是说诉讼不是根本的，根本的是以人道、温和的方法去教化、引导百姓，然后获得非常好的社会治理。

六、“格物致知”和朱子的补传

以上是我们讲的《大学》的“三纲领”的经和传。最后我们附带说一下“格物致知”和朱子的补传。按照朱熹的说法，本来应该有一章对“格物致知”的传述，但它可能在历史上失传了，所以他补了一段话。朱熹补的这段很好，但是我们不能肯定，“格物致知”原来一定有还是没有传述。从逻辑上讲应该有，从道理上讲应该有，因为古人作文有作文的体例，很严谨。但作者是不是一定按照逻辑和道理去作的呢？是他大意了没有作，还是说他作了却失传了？这变成了一个公案。朱熹就补了一个传。严格来讲，按照历史学的态度，朱熹的做法是不对的。失传就失传了，你不能自作主张，模仿经典，自己写一段话补上去，那是不行的。但是朱熹确实是出于好心。我们先不管这则补传的合法性，重要的是“格物致知”

这个问题在宋明理学里面成了一个核心问题。从北宋开始，一直到清末，人们都讨论“格物致知”这个问题。

“格”这个字的解释非常复杂。郑玄的解释是“来”，“格物”就是来物。来物是什么意思？就是我做了好事，就会得到好的回应。“致知”是用推理获得知识。王阳明把“格”解释为“正”，“端正”的正；把“物”解释为“事”，进一步解释为“心”。所以“格物”就是正事、正心，变成了人的一种内修。朱熹把“格物”解释成“穷至事物之理”，也叫格物穷理。现在简单讲，“格”确实有来的意思，但是在“格物”这个地方，它应该是推究、度量、考察的意思。物是指东西和事物，但是宋明理学就把“物”解释成“人事”，这个问题一直在争论。王阳明开始时受朱熹的影响，要格物穷理。格什么呢？院子里面有竹子，他就坐在竹子前面去格竹子，格了七天，也格不出竹子的理。竹子的理没有掌握，他自己反而病倒了。

这段经历塑造出了什么呢？王阳明说，朱熹的格物致知路走不通。后来他另外找了一条路，说格物就是要回到自我去正心，去端正自我。从外面找理找不着，理原来就在自己的心里。所以王阳明讲心外无物、心外无理。

人们因为对格物致知的解释不一样，修炼的方法也就不一样。禅宗里面讲顿悟和渐悟。顿悟说认为人通过一个渐悟的过程达不到一个很高的境界，要瞬间觉悟才行。这在佛学里面是一大争论。朱熹的解释类似于佛学里面的渐悟，通过每天格一物，天天格物，然后获得知识，掌握真理。这是一个渐悟的过程，是不断积累的过程。王阳明认为这个过程太复杂，要简化。陆九渊就讲正心，认为人可以很快地端正自己，很快去觉悟，瞬间就可以超越自己，类似于佛教讲的放下屠刀，立地成佛。听起来很美，会不会那么简单？我们在前面强调了，儒家讲“博学于文”（《论语·雍也》），强调学习实际上是渐悟的过程、积累的过程。人有时候可能突然之间有一个转折，但整个过程是需要工夫的，是需要苦练的。这就是说，没有瞬间超越。把这个问题应用在科学上，所有的科学家做研究都是一生在追求。在一生追求的过程中，或许某个瞬间会出现一个灵感，实现一个创新，那都是积累的结果。如果没有那些积累，只是一味想着突然有一个灵感、一个觉悟出现在自己的脑海里，那灵感、觉悟永远也不可能到来。有品质的事物都是长期修炼出来的。庄子讲“美成在久”（《庄子·人间世》），美的事物、有品质的事物，是长期积累出来的，是练出来的。这也就是老子讲的那句话，“大器晚成”。

格物致知在宋明理学里的讨论，实际上还是跟修炼人生的美德有关系。但是朱熹讲格物致知，确实有把握自然事物的内容，要人对各种各样的事物都有了解，它有科学的意义。所以到了清代的时候，中国人接触西方科学，那时候“science”还没有翻译成“科学”，而是翻译成“格物学”或“格致学”，用的就是《大学》里的“格物致知”，因为朱熹主要是讲格物穷理。“格致学”“格物学”的译法沿用了很久，梁启超那时候还在用“格物学”“格致学”。人们把一种自我道德修炼的学问转化成一种研究自然世界的普遍的学问，称其为“穷理学”“格物学”。胡适在解释“格物致知”的时候说，宋明理学讲格物致知，这个方法有科学的意义，是可以用到科学上去的；说中国人在那个时候就有一种科学方法了，但是他们没有把这个方法用在自然上，而是一直用在人事上，一直用在道德修炼上，所以产生不出科学。这是胡适的解释。

到现在我们还在追问一个问题，中国为什么没有诞生近代意义上的科学？或者干脆问，中国为什么没有科学？认为中国自古以来就没有科学，这个问题就更麻烦了。如果真是那样，李约瑟写的《中国科学技术史》不就是凭空造出来的吗？实际上这个问题还是应该这样问：中国为什么没有诞生近代意义上的科学？这个问题非常复杂，原因非常多，胡适的回答是一种。他的意思是，我们一直注重的是人事的学问，是道德的学问，我们没有追求自然的学问，因此这个转向没有先在中国发生。在西方，从文艺复兴开始，经过宗教改革，人们开始将注意力转向自然。欧洲中世纪其实跟中国一样，也没有注重自然。他们注重的是神学，追求自我拯救，并不追求科学。但是西方后来发生转变了，而中国到了清代还没有去面向自然，或者说没有把主要的精力面向自然。这里面还有一个原因，就是科举考试一直持续，它抑制了人们对自然的兴趣，抑制了人们对自然知识和真理的探索。

诚意慎独

梁　涛

一

《大学》是“四书”中的一篇，地位非常重要，我们学习儒学，一般应当从阅读《大学》入手。孟子研究院有系统解读“四书”的计划：先讲《孟子》，次讲《中庸》，再讲《大学》，最后讲《论语》。但若是学习、了解儒家思想，首先应该读《大学》，之后读《论语》《孟子》，最后读《中庸》，这是学习儒学的基本次序。

为什么说《大学》非常重要？为什么我们要从阅读《大学》入手呢？这就涉及对儒学的理解，以及如何概括儒家思想的问题。《大学》之所以重要，就在于它对儒学做出了一个简明扼要的概括。提到儒学，学者往往引用《论语·宪问》中孔子与弟子子路的一段对话：

子路问君子。子曰："修己以敬。"曰："如斯而已乎？"曰："修己以安人。"曰："如斯而已乎？"曰："修己以安百姓。修己以安百姓，尧舜其犹病诸！"

子路问老师，怎么样才可以成为一名君子？这说明儒学首先是君子之学。孔子教导弟子要成为一名君子，成为君子是儒门弟子追求的目标。孔子回答："修己以敬。""修己"，就是修身；"修己以敬"，指用恭敬的态度修身。也有的解释为修养自己做到恭敬，类似孔子说的"执事敬"。子路又问，做到这一点就可以了吗？孔子说，"修己以安人"，只修养自己、完善自我是不够的，还要进一步去安人。儒家不仅修己，还要安人，否则就不是真正的儒家。真正的儒家一定是在修己的基础上，进一步去影响他人，也就是安人。因为下面接着谈到"安百姓"，所以一般认为这里的"人"是狭义的，主要指上层人物，不包括百姓。我认为这里的"人"主要指身边的人，这样理解比较合理。

我们今天离儒学传统比较远了，对它的理念缺乏切身的感受。说到修身还容易理解，但要说到安人，则会产生疑问。我们如何安人？如何影响他人？其实，道理很简单。在我们的成长过程中，一定会受到他人的影响，在家庭中受父母的影响，进入学校受老师的影响，走上社会受同事、朋友的影响。另一方面，我们又会去影响别人，作为父母，会影响到自己的子女；作为丈夫，会影响到自己的妻子；作为领导，会影响到自己的员工。在我们的一生中，总会受到他人的影响，也会影响到他人。而且，总有那么几个人，对我们的成长影响深远；当然，我们也会深深地影响到他人。所以修己和安人存在着必然的联系，要想影响他人，首先要修养自己，完善自我。在完善自我的过程中，自然要向他人学习，所以孔子说“三人行，必有我师焉”（《论语·述而》）。

子路又问，做到这一点就可以了吗？孔子说，“修己以安百姓”。不仅要安身边的人，还要安天下的人，安广大的民众。当然，孔子也认为，做到这一点是非常困难的，即使像尧舜这样的圣人，也难以做到。但这是儒家的理想，是儒者应该追求的目标。这里有一个问题，做到了修身、完善自我，是不是一定就能安百姓，或者平治天下？恐怕还不行，还必须要有一定的外在条件，这个条件就是位，就是权力。作为一名普通人，道德修养再好，最多可以影响身边的人。但若想安百姓，平天下，改造、影响社会，还必须掌握权力。这样的话，作为一名君子是不够的，还要成为“大人”。

这就涉及《大学》的名称，何谓大学？郑玄认为是“博学”，朱熹则认为是“大人之学”。什么是“大人”呢？孟子说：“唯大人为能格君心之非。”（《孟子·离娄上》）“格”，纠正。“君心之非”，指君主的错误。国君做了错事，或者决策出现了错误，谁能去纠正他？不是我们这些普通人，而必须是大人。大人既有道德声望，又有较高的政治地位，有机会接近国君，所以才能够“格君心之非”。大人者，有德有位之人也。君子有德，但不一定有位。而作为大人，必须既有德，又有位，德位兼备。位是什么？就是要具有一定的地位，掌握一定的权力。只有这样，才可以影响更多的人，才可以安百姓。所以孔、孟、荀等儒者一方面通过教学授徒，为社会培养出一批君子，鼓励他们积极出仕；另一方面又希望有一套好的制度，使君子能够脱颖而出，让他们来管理国家和社会。《论语·为政》

中记载孔子与鲁哀公的问答：

> 哀公问曰："何为则民服？"孔子对曰："举直错诸枉，则民服；举枉错诸直，则民不服。"

"错"通"措"，放置的意思。鲁哀公问孔子，怎么做才能使百姓信服呢？孔子回答，把那些正直的人，也就是君子选拔出来，放在道德品质不好的人也就是小人之上，让他们去管理国家，这样百姓就会信服。反过来，把那些不正直的人选拔出来，放在正直的人之上，让他们管理国家，这就是小人当道，奸佞横行，百姓自然不会服从了。

所以完整的儒学一方面是君子之学，或者说是大人之学；另一方面还包括了一套制度之学。不过《大学》主要强调、论述的是前一个方面，将儒学概括为修齐治平之学，而没有论及后一方面，但这是隐含在其中的，是修齐治平的前提和条件。所以根据《大学》的概括，儒学就是修齐治平之学。"修"指修己或修身，"齐"指齐家，"治"指治国，"平"指平天下。须要说明一点，《大学》所说的"家"与今天的"家"不是一回事。我们今天所说的"家"是小家庭，一般是五口之家，包括爷爷、奶奶、父亲、母亲、孩子。《大学》里的"家"不同，是指大夫的封邑。周代实行分封制，名义上土地归天子所有，所谓"普天之下，莫非王土"，天子把土地分给诸侯，这便是国。例如今天的山东，当时主要封了两个大国，齐国和鲁国。诸侯把土地再往下分给大夫，这就是家了。所以家就是大夫的封邑，其规模相当于现在的县，比今天的家要大得多。《大学》"齐家"章说，齐家的关键是要公平、公正，而不能有偏心。为什么呢？因为"人之其所亲爱而辟焉，之其所贱恶而辟焉，之其所畏敬而辟焉，之其所哀矜而辟焉”。这里的“之”是“于”的意思，人对于亲近喜爱的人，对于厌恶憎恨的人，对于畏惧尊敬的人，对于同情怜悯的人，态度会不一样，会有偏心。读到这里就会知道，《大学》的家与我们今天的家是不一样的，今天的家里都是我们亲近、喜爱的人，怎么会有这么复杂呢？治国的国指诸侯国，从范围上看，相当于今天的省。平是平天下，古人说的天下，从地域上看，可能只包括今天的中国，但实际是指普天之下，包括整个世界。所以儒家是有远大胸怀的，它是世界主义者，而不只是民族主义者，儒家的修齐治平之学，其终极目标是平治天下，而不限于一国一家。

关于儒学的思想宗旨，梁启超先生有一个概括：

> 儒家哲学，范围广博。概括说起来，其用功所在，可以《论语》“修己安人”一语括之。其学问最高目的，可以《庄子》“内圣外王”一语括之。做修己的功夫，做到极处，就是内圣；做安人的功夫，做到极处，就是外王。至于条理次第，以《大学》上说得最简明。《大学》所谓“格物致知诚意正心修身”，就是修己及内圣的功夫；所谓“齐家治国平天下”，就是安人及外王的功夫。（《梁启超论儒家哲学》，商务印书馆2012年版，第4页。）

梁先生显然是用《大学》来理解儒学的。《大学》之所以重要，就是因为它对儒家的思想，尤其是条理次第，怎么从修己到安人、从内圣到外王，做了一个概括。但这里有一个问题，梁先生将格物、致知、诚意、正心与修身并列，应该是受到传统注释的影响。传统上，一般将《大学》的思想概括为“三纲领八条目”。“三纲领”指明明德、亲民、止于至善，“八条目”包括格物、致知、诚意、正心、修身、齐家、治国、平天下。大概二十年前，我写过一篇文章：《〈大学〉新解》。我提出《大学》的“八条目”其实应该是“四条目”，因为格物、致知、正心、诚意是修身的具体内容，是包括在修身之中的。说到修身，就是要格物、致知和诚意、正心。不是在修身之外另有一个格物、致知和诚意、正心，也不是在格物、致知和诚意、正心之上还有一个修身。用图可以这样表示：

（格物 > 致知 > 诚意 > 正心 >）修身 > 齐家 > 治国 > 平天下

反过来也一样：

平天下 < 治国 < 齐家 < 修身（< 正心 < 诚意 < 致知 < 格物）

所以我们今天讨论《大学》，也可以将其概括为“三纲领四条目”，这更便于理解《大学》的思想。当然，“三纲领八条目”的说法流传已久，延续旧说也可以，关键是要真正理解。

《大学》一文的文眼或核心观点是：“自天子以至于庶人，壹是皆以修身为本。”“壹”，一概。“皆”，都。用今天的话说就是，上至国家主席，下至普通百姓，每个人都要以修身为根本。中华文化，尤其是儒家文化，其实就是修身的文化。为什么修身很重要呢？因为人生在世，都想追求快乐、幸福。用李泽厚先生的话讲，我们是乐感文化。但是怎样才能快乐、幸福呢？答案很简单：与有修养的人在一起便会愉快、幸福，与没有修养的人在一起肯定不愉快、不幸福。家庭生活中尤其如此，我们一生中生气、吵架最多的地方一定是家里。为什么呢？家庭生活好像没有什么大事，无非就是柴米油盐，各种琐事，但有修养和没有修养差别很大。结了婚的都会深有体会，没有结婚的，也不要只看重外表，其实修养更重要，但这往往只有结婚后才知道。单位也是一样，一个人有修养和没有修养，给领导、同事的感受是不一样的，他们的发展也会有很大的不同。我们经常说，性格决定命运。这句话有一定道理，人的命运很多时候是由性格决定的。但性格又是被什么决定的？性格并不完全是天生的，也是可以后天改变的，荀子讲化性起伪、积善成德，就是认为性格实际是后天培养的。所以修身决定性格，性格决定命运，最后修身决定命运。说修身决定命运有点绝对，不一定恰当，也不完全符合儒家的思想。儒家认为命运中有很多偶然的因素，不可能完全被人控制、掌握，但是人可以正确地对待命运，这就是尽人事以待天命，尽人事就包括了修身。我们都注意到这种情况，很多时候人与人之间，特别是同学之间，智力、学历差别不大，但走上社会以后，事业上的成就有很大差别，除了运气的因素，就在于个人的努力不同，在于个人是否修身。即使修身也有自觉和不自觉的差别。什么是自觉修身？我们读《论语·学而》篇第四章："曾子曰：'吾日三省吾身：为人谋而不忠乎？与朋友交而不信乎？传不习乎？'"做到了"吾日三省吾身"就是自觉修身。每个人都在生活，但只有经过反省、总结的生活才是有收获的，才是可以使我们不断提升、完善的。所以人与人之间的差别，就在于有人自觉修身，有人一味任性。内圣影响外王，修身影响到能否治国平天下。用《大学》的话说，前者是本，后者是末，"其本乱而末治者否矣。其所厚者薄，而其所薄者厚，未之有也"。如果修身尚没有做到，却幻想着要齐家、治国、平天下，这是本末倒置。可是现实生活中就是有很多人，该努力的没有努力（“所厚者薄”），不该努力的却想入非非（“所薄者厚”），分不清轻重缓急，这样是不会有结果的。

儒学从孔子开始把修身作为重要内容，当然是有原因的。孔子生活于春秋末年，这一时期大夫的势力逐渐兴起，像鲁国的三桓，就掌握了鲁国的政权。大夫有自己的封邑，就是家。随着大夫势力的扩大，他们需要一批“职业经理人”替他们管理封邑，儒家正好满足了这个需要。我们读《论语》就会发现，孔子有很多弟子就是给大夫做宰，也就是管家，甚至也有为诸侯提供服务的，像子夏就曾为魏文侯师。所以儒学的兴起，与社会的需要是有关系的。孔子讲学授徒，弟子三千，这么多人愿意跟随其学习，除了敬仰他的学识，还有学以致用的考虑。孔子对弟子，也是鼓励他们积极出仕，而出仕就是要去大夫、诸侯那里做官，为他们提供服务。当然，对于儒生而言，人生的选择不只出仕一途，还可以经商，如子贡，可以从事教育，甚至隐居民间，但出仕无疑是非常重要的一个方面。既然出仕，就需要具备专门的知识、技能，这些知识、技能在当时就是礼乐射御书数，所谓的六艺。除了专业技能，孔子还教导自己弟子一门更大的学问，就是君子的学问、做人的学问。所以，孔子的伟大不在于他为社会培养了一批“职业经理人”，而在于他为当时的士人确立了人生的理想和方向。孔子首先揭示的“士志于道”，便已规定“士”是基本价值的维护者，是“社会的良心”；曾参发挥师教，讲得更明白：“士不可以不弘毅，任重而道远。仁以为己任，不亦重乎？死而后已，不亦远乎？”（《论语·泰伯》）所以孔子教导弟子，作为士人、君子，首先应该确立一种精神信仰、一种责任担当，应该以道自任，能够超越个人的私利去关注国家、民众的普遍利益。如果孔子只是传授知识、技能，教导弟子如何就业，这与现在的职业技能培训学校就没有区别了，孔子也不会被尊奉为圣人了。孔子之所以被尊为圣人，之所以有“天不生仲尼，万古如长夜”的说法，就在于孔子为我们这个民族，尤其是民族中的士人阶层确立了一种精神信仰，这种信仰就是仁义。今天我们缺乏的正是精神信仰，一个民族如果没有了信仰，只是沉沦在对物欲的追逐之中，是没有前途的。古往今来，历史上出现过多少个民族，为什么很多都被同化，或者逐渐消亡？坚持下来的，有时候并不是靠武力的强大，而是靠精神信仰。儒学就是我们这个民族历史上的信仰，它虽然不是严格意义上的宗教，但一样满足了人对终极关怀的需求。这种信仰是由孔子确立的，孔子的伟大，应从这方面去理解。

二

今天我们要讲的是《大学》“诚意”章，或者叫“慎独诚意”章。

所谓诚其意者：毋自欺也，如恶恶臭，如好好色，此之谓自谦，故君子必慎其独也！小人闲居为不善，无所不至，见君子而后厌然，掩其不善，而著其善。人之视己，如见其肺肝然，则何益矣。此谓诚于中，形于外，故君子必慎其独也。曾子曰：“十目所视，十手所指，其严乎！”富润屋，德润身，心广体胖，故君子必诚其意。

我们进入到文本，本章的主题是诚意，所以一开始就解释诚意。“所谓诚其意者，毋自欺也”，什么是“诚其意”？就是不自欺。关于不自欺，《大学》给出了一个形象的说明：“如恶恶臭，如好好色，此之谓自谦。”前一个“恶（音 wù）”是动词，厌恶的意思；后一个“恶（音 è）”是形容词，不好的意思；“恶臭（音 xiù）”，不好的气味。同样，前一个“好（音 hào）”是动词，喜好；后一个“好（音 hǎo）”是形容词，美好的意思；“好色”，犹言美色。不自欺就好比厌恶不好的气味，喜好美女帅哥，这就叫“自谦”。注意，“谦”不要读成 qiān，它是个通假字，通“慊”（音 qiè）。“自谦”，就是自快于心。我们闻到了难闻的味道，本能就会躲避；看到美女帅哥，尽管表面上掩饰，内心还是会感到很愉悦。为什么？因为这是自然、本能的反应。所以，诚其意就是真实地面对内心，把真实的自我表现出来，而不要去欺骗自己。

但说到这里有一个问题，不自欺，自己能欺骗自己吗？我们撒个谎，只能是欺骗别人，而不会骗到自己。从心理学的角度讲，欺骗自己几乎是不可能的。不相信的话，可以做个试验，试着欺骗一下自己。别人向你借一千块钱，你不想借，说抱歉，最近手头紧，没有一千块钱。这对别人讲可以，但有没有钱，难道你自己不知道吗？你真的认为自己没那一千块钱吗？所以欺骗自己是很困难的。

但是现实生活中，我们又经常自欺欺人，不仅欺人，而且自欺。为什么会自欺？就是因为你不敢面对自己的内心，习惯过一种不加反省的生活，不知道自己内心的喜好，不敢倾听内心的声音，盲目屈从外在的力量和影响，每天都在应付外部世界的种种需要，支出精力，以致自欺欺人而不自知。所以说自欺，从个体心理学的角度讲，似乎做不到；但是一旦进入社会，我们又会被社会的力量裹挟而去，以至于丢掉了自我，最后自欺欺人而不自知，我们每个人其实都经历过这种情况。

英国哲学家弗朗西斯·培根，就是提出知识就是力量的那位学者，他认为社会中存在着几种假象，包括洞穴假象、市场假象、剧场假象、种族假象等。我们都会受这些假象的影响。处在一个小圈子中，如果信息不畅通的话，久而久之，你就会被这个小圈子的价值观所左右。恐怖组织的行为完全违背了人类文明的底线，但是为什么还有那么多狂热分子愿意投身其中呢？这就是洞穴假象，身处洞穴之中，看不到外面的阳光，最后就认同了黑暗。还有，社会就像一个市场，市场流行什么是经常变化的，有时一个潮流来了，我们往往就被裹挟而去，被假象所左右了，尽管流行的不一定是我们所喜欢的，这就是从众心理。剧场假象、种族假象与此类似，大家应该都有体会。所以自欺是普遍存在的，是一种社会现象，我们每个人都曾经历过。那么，如何面对这一现象呢？如何做到“毋自欺”呢？《大学》提出“必慎其独也”，将“诚其意，毋自欺”落在了慎独上。

关于“慎独”，《辞海》的解释是“在独处时也能谨慎不苟”，《辞源》的解释是“在独处时能谨慎不苟”。按照这种解释，独是一个空间的概念，指独居独处。像今天我在这里做讲座，就不能说是独居独处，这是大庭广众。但是我回到宾馆，一个人把门关起来，那就是独居独处了。按照传统的理解，慎独是说，当你一个人独居独处，没有人监督你的时候，要谨慎不苟，管住自己的行为。这个理解应该是来自东汉的郑玄，他在注《中庸》“故君子慎其独也”一句时说：“慎独者，慎其闲居之所为。”“闲居”就是独居。郑玄还有个说明，因为是文言文，不好理解，我直接把它翻译过来。郑玄认为，道德品质不好的人（郑玄说的是小人），当他一个人独居独处的时候，以为别人注意不到自己，就会肆意妄为。这个时候如果我们能看到他的话，一定会发现他比平时在大庭广众之下的行为放肆得多。所以按照郑玄的理解，当一个人独居独处时，由于舆论压力的暂时取消，道德品质不好的人往往容易偏离道德规范的约束，做出平时不敢做的事情来。慎独就是要求人们在独处之际，仍能保持道德操守，独善其身。郑玄这个理解，不仅合乎逻辑，文字上也讲得通顺，因为独正好有独居独处的意思，所以千百年来被广泛接受，很少有人表示怀疑。但是这个解释是有问题的，甚至可以说是错误的。

当然，能够澄清慎独理解上的错误，地下新出土文献起了重要的作用。二十世纪七十年代出土的马王堆帛书中有一篇《五行》，提到了慎独，但内容与后人对慎独的理解大相径庭。到了二十世纪九十年代，郭店竹简中又一次发现了《五行》篇，慎独再一次引起人们的关注。《五行》篇说："'鸤鸠在桑，其子七兮。淑人君子，其仪一兮。'能为一，然后能为君子，君子慎其独。"前面几句是引《诗经·鸤鸠》，目的是为了起兴，引出下面的"一"。而按照《五行》，慎独就是指"能为一"，"一"是指专注、专一，故思想保持专注、专一就是慎独。根据《五行》篇，一或者专注、专一是有具体内容的，就是内心的德，《五行》说是"仁义礼智圣"这五种"德之行"。慎独就是专注于内心的德或者"德之行"，显然它与独居独处没有关系，与郑玄包括以后朱熹对慎独的理解也有根本的不同。但是，马王堆帛书《五行》篇发现后，并没有引起人们对慎独的质疑，相反，大家维持了对慎独的传统解读。为什么会出现这种情况？这与一位前辈学者，也是我的恩师庞朴先生有关。马王堆帛书发现后，庞朴先生写过一篇很有名的文章《马王堆帛书解开了思孟五行说之谜——帛书

〈老子〉甲本卷后古佚书之一的初步研究》，思孟五行的难题就是被庞朴先生解开的。庞先生也注意到《五行》的慎独与传统的理解不一样，怎么理解这一现象呢？庞先生说，这是因为慎独有不同的含义：《大学》的慎独是一种含义，“独”指独居独处；《五行》篇的慎独是另一种含义，“独”与独居独处无关，而是指内心的专一。这个解释好像也讲得通，所以大家也就接受了，不再去质疑了。到了1998年，《五行》篇在郭店竹简中再次被发现，慎独的问题引起我的注意。马王堆帛书的发现是在1973年，公布是在1978年，中间隔了五年——当然是部分公布，全部整理完成的时间更长。郭店竹简的发现是在1993年，正式公布是在1998年，也隔了五年。从马王堆帛书的公布到郭店竹简的公布则整整过了二十年。马王堆帛书公布的时候，我还小，在读小学吧，不可能涉及这些问题。但1998年的时候，我已经博士毕业，来北京做博士后，我的研究题目是“郭店竹简与思孟学派”，于是就注意到慎独的问题。按照庞朴先生的看法，《五行》篇是子思一派的作品——马王堆帛书公布时他认为《五行》篇是孟子后学所作；到了郭店竹简公布时，就认为是子思的作品了。而《中庸》据记载也是子思的作品，《大学》按照传统的说法是出自曾子，曾子与子思是一系的。那么，怎么可能一个人或一个学派在自己的两部作品中，对同一个概念有两种不同的定义或者理解呢？这合理吗？我们对同一个概念，可以在不同的语境下有不同的表述，但内涵应该是基本一致的，而不会同一个概念，在这篇文章中是一种用法，在另外一篇文章中是另一种用法。所以我感觉庞朴先生的说法是有问题的。我顺着这个思路去想，结果真的发现了问题，特别是当我看到朱熹《大学章句》的注释时，甚至吓了一跳——朱熹按照自己的思路，把慎独完全曲解了。要知道，传统社会中朱熹的《四书集注》影响非常大，当时的科举考试都是把它作为教科书，以朱熹的注为标准答案，但朱熹把《大学》“小人闲居为不善”一段完全解释错了。

我们首先来看看“独”的本意是什么。马王堆帛书《五行》篇在经文之外还有传文，传文是对经文的解释。传文对“独”下了个定义：“夫丧，正绖修领而哀杀矣，言至内者之不在外也，是之谓独。”什么是独？传文没有直接定义，而是举了一个例子，这是古人表达的习惯，不喜欢抽象概括，更愿意用形象的方式来说明抽象的概念。传文举例说，如果你去参加别人的丧礼，在举行仪式的时候却老是想着自己的衣服是否整齐，把丧带系一系（绖是古人用麻做的丧带，系在腰或头上），把衣领整一整，这说明你对死者没有多少感情，“哀杀矣”。为什么？“至内者之不在外也”，如果你关注内心情感的话，就不会关注那些外在的形式了。如果死者是你的至亲好友，你还会想着自己的衣服整不整齐吗？你可能一下就扑倒在地上，放声痛哭，完全顾不上自己的形象了。当你完全被自己的悲痛之情所左右时，是不会关心外部的事情的。《五行》篇说，这就是独。然后给“独”下了一个定义：“独也者，舍体也。”“舍体”是什么？就是舍弃身体感官对外部的关注，回到内心，回到内在的意志、意念，实际就是回到最真实的自我，这就是独。这个“独”，显然不是空间的独居独处，而是内在的意志、意念，是真实的自我，它显然与传统的解释不一样。

大家可能有疑问，“独”有这种含义或者用法吗？如果你去字典上查，的确也查不到。我们今天说“独”，一般就是指单独、独自等。但也有可能，后人把“独”的这种用法遗忘了，所以才会对慎独产生误解。我们说“独”还有其他含义，那就必须从先秦典籍中找出例证，不用多，一个就可以。结果我在《庄子·大宗师》中真的找到了，这就是“见独”：

> 参日而后能外天下；已外天下矣，吾又守之，七日而后能外物；已外物矣，吾又守之，九日而后能外生；已外生矣，而后能朝彻；朝彻，而后能见独；见独，而后能无古今；无古今，而后能入于不死不生。

“见（音 xiàn）独”，是发现内在的独，发现真实自我。“参日而后能外天下”，“参日”即三日；我守住内在意念，回到我的内心，这样三天后就可以“外天下”，见不到外在的世界了。“已外天下矣，吾又守之”，我继续守住内心，“七日而后能外物”，七天之后就看不到外在的事物了。“已外物矣，吾又守之”，我继续持守，“九日而后能外生”，九天之后我感觉不到生命的活动了，饥、渴等生理现象我感觉不到了。“已外生矣，然后能朝彻”，修炼多日，感觉不到生命现象了，这时你感觉内心有一道阳光照射出来，因为你快得道了，要发现真实的自我了。“朝彻，而后能见独”，这时候你发现了真实的“独”，发现了真实的自我。“见独，而后能无古今；无古今，而后能入于不死不生。”这是见独的最高境界。见独之后，就超越了时间、生死，进入不生不死的境界，进入永恒了。《庄子》的“见独”有点神秘主义的味道，我们不去管它。要注意的是“独”的含义，显然“见独”的“独”与“慎独”的“独”都是在“舍体”的意义上使用的。尽管见独与慎独的内涵并不同，一个是道家的，一个是儒家的，但“独”的含义则是一致的，都是指“舍体”，指舍弃我们的感官对外部的感受，而回到内心，回到真实的自我。见独的例子可以证明，“独”

不只有我们今天所理解的含义，还有内在意志、意念的用法，只是这种用法后来被遗忘了，字典中也见不到了。文字就是这样，其含义是不断变化的，有些含义以前经常使用，后来不用了，慢慢就被遗忘了。有时又约定俗成，赋予文字新的含义。例如我说猫，你们会想到什么？当然是猫咪了，英文是“cat”。但是有时候你去电子市场，你说猫的话，别人会想到调制解调器，就是上网的那个东西。有一天我妻子对我说，咱家的猫怎么不行了？我说咱家什么时候养猫了？她说的是调制解调器，我理解成猫咪了。文字的含义就是这样不断变化的，若干年后，大家上网不用调制解调器，改用其他产品了——电子产品升级是很快的——那个时候你再说猫，别人就不会想到调制解调器了，甚至可能连调制解调器是什么都不清楚了。

我们说了独，那么什么是慎独呢？传统上把“慎”解释为戒慎，“独”指独居独处。其实“慎”还有“诚”的意思，“独”按我们前面的分析，指内在的意志、意念，指真实的自我，也就是己。所以慎独就是诚己，也就是《大学》所说的“诚其意”。《大学》本来就是将“诚其意”与慎独对等的，说得很清楚，只是我们的理解出现了偏差。独也可以用作动词，有“内”的意思。《五行》篇讲“舍其体而独其心”，“独其心”就是内其心，指舍弃对外物的关注而用心于内。先秦典籍中也有用“内心”表达慎独的。《礼记·礼器》篇曰：“礼之以少为贵者，以其内心者也。……是故君子慎其独也。”慎独就是“内心”，指用心于内。礼不在于外在的形式，不在于繁文缛节，而在于内心的真诚，这样就做到了慎独。

搞清了慎独的含义，我们再来看《大学》“慎独诚意”章，就容易理解了。这段文字两次提到慎独，第一次是说“诚其意者：毋自欺也”，认为这样就做到了慎独，我们前面做了分析，含义是清楚的。第二次则说到，“小人闲居为不善，无所不至，见君子而后厌然，掩其不善，而著其善。人之视己，如见其肺肝然，则何益矣。此谓诚于中，形于外，故君子必慎其独也”。我在前面说过，朱熹对慎独的理解有误，就是指这段文字。如果说郑玄的注释是造成慎独误读的第一个原因，那么，朱熹对这段文字的误解则是第二个原因了。这段文字提到“小人闲居为不善”，以此来说明慎独，那么慎独该如何理解，便与“闲居”有一定关系。朱熹的注释是，“闲居，独处也”，把闲居理解为独处了。接着又说，“此言小人阴为不善，而阳欲掩之，则是非不知善之当为与恶之当去也，但不能实用其力以至此耳。然欲掩其恶而卒不可掩，欲诈为善而卒不可诈，则亦何益之有哉！此君子所以重以为戒，而必谨其独也”。朱熹的这段话是说，小人暗中做不好的事情，在别人面前却有意掩盖，这说明他并非不知道人应当做好事，而不应当做坏事，只是实际上又做不到，因此没有人监督的时候，就会故态萌发。但既然伪装并不能掩盖自己，表现也欺骗不了别人，刻意伪装、表现又有什么意义呢？所以就应当引以为戒，谨其独，过好独居这一关。这是朱熹的解释，他把慎解释为谨，把独理解为独处，显然是受到了郑玄的影响。但是我们稍微注意就可以发现，朱熹的解释并不正确。在《大学》原文中，“小人闲居为不善”，并不是“慎其独”的直接原因，而是要说明“诚于中，形于外”。它是说，小人平时喜欢做不好的事情，但是当他看到君子的时候，却试图伪装自己，掩盖不好的一面，而表现好的这一面。然而人们的内心与外表往往是一致的，内在的意志、意念总会在行为中表现出来。别人观察你，可以由外而内，如同看到你的肺肝——这是比喻的说法，是说可以由外在的表现看到你内在的想法。所以，伪装是没有意义的。这就叫“诚于中，形于外”，这句话很重要，《大学》的慎独就是对此讲的。它是说，你内心的真诚，会通过行为表现出来。扩大一点，你有什么样的内在品质，就会有相应的外在表现。你是个道德高尚的人，就会有高尚的表现；同样的道理，你是个自私自利的人，就会有自私自利的表现。我们都有这样的生活经验：两个人初次接触的时候，都希望给对方留下好印象，但过了一段时间，彼此接触多了，相互熟悉了，对方是个什么样的人，心里就清楚了，伪装是没有用的，日久见人心嘛，这就是“诚于中，形于外”。所以《大学》中的这段文字，并不是说“小人闲居为不善”，所以要慎独；而是说“诚于中，形于外”，所以要慎其独。“小人闲居为不善”，不过是作为一个例子，用以说明“诚于中，形于外”。而且闲居也不是独居，《礼记》中有一篇《孔子闲居》：“孔子闲居，子夏侍。”既然有学生侍奉，显然就不是独居了。朱熹将闲居解释为独居，是望文生义，是不正确的。闲居是闲暇而居，是与上朝相对。古代士人在朝中做官，上朝是正式的场合，需要正襟危坐，恪守礼仪；闲暇而居时，则可以随意一点。闲居强调的是平时，而不是独处。“小人闲居为不善”，小人平时习惯了做坏事，见到领导，想表现一下，伪装一下，但是没有用，因为“诚于中，形于外”，你内在的品质决定了你外在的行为，所以只能慎独，从内心下功夫，而不能做表面文章。

大家想一想，慎独的本意是强调内心的真诚，后人对慎独的理解是独居独处时要谨慎不苟，哪一种更深刻？我认为慎独的本意更深刻，后人的理解反而显得肤浅。独居独处时没有人监督，容易做出不好的事情，所以要慎独，虽然这样讲逻辑上也能通，但流于常识，也不恰当。因为《大学》接着讲："曾子曰：'十目所视，十手所指，其严乎！'"朱熹的解释是，"言虽幽独之中，而其善恶之不可掩如此，可畏之甚也"。"幽独"就是独居暗室，就是独居独处。朱熹说，即使处在暗室中，你的善恶也不可掩藏，所以值得畏惧啊。但朱熹的说法有个问题，"十目所视，十手所指"，应是指大庭广众，而不是独居独处；是舆论的焦点，而不是"幽独"。当然，朱熹用了一个"虽"，有假设的意思，他好像是说，假设在独居独处中，也仿佛"十目所视，十手所指"。但是我们仔细读这段文字，显然没有假设的意思，它是进一步说明"诚于中，形于外"，你的行为一旦表现出来，就会受到大众舆论的评判。这与独居独处不仅没有关系，而且意思正好相反。朱熹把闲居理解为独居，先入为主，结果造成了误解。我们前面说了，在先秦典籍中，闲居不是指独居，而是指闲暇而居，平时而居。你平时的所作所为，反映了你的内在品质，有什么样的内在品质，就会有什么样的外在表现，掩盖、伪装是没有用的。所以慎独作为一种修养方法，就是要从根本、源头下功夫，"诚其意"，保持内心的真诚。

总结一下，《大学》"慎独诚意"章的核心是慎独，但历史上对慎独出现了误读，造成误读的首先是郑玄，其次是朱熹。郑玄、朱熹都是学术史上超一流的学者，分别是汉学与宋学的集大成者。特别是朱熹，由于他的《四书集注》影响巨大，是传统社会后期科举考试的必读书，朱熹的注是标准答案，因此朱熹对《大学》"小人闲居为不善"一段的误读对后人的理解产生了深远的影响，同时也使我们离慎独的本意越来越远。2000年的时候，我在《光明日报》发表了一篇名为《郭店竹简与"君子慎独"》的文章，说以前我们可能把慎独理解错了。但当时认同的人很少，说明传统观念还是难以一下改变，毕竟一千多年了，甚至有学者对我说，郑玄、朱熹是什么人，流行一千多年的看法能说错就错了吗？不能自以为聪明，便随便否定古人。所以成见一旦形成，想要改变是非常难的。于是我又写了一篇文章，专门论证朱熹对慎独的理解，发表在《哲学研究》上。这个时候情况有所变化，几乎所有的学者认为朱熹对慎独的理解错了。后续有很多论文讨论这个问题，一查竟然有二十多篇，于是我编了一本书：《出土文献与君子慎独——慎独问题讨论集》。这二十多篇文章中，没有一篇说传统的解释是对的，都认为是讲错了，这与我 2000 年发表第一篇文章时的情况正好相反。所以学术研究就是这样，想改变一个观点是非常难的，但只要你讲对了，学术界早晚是会接受的。

三

以上我们对《大学》“诚意”章做了梳理，尤其对慎独做了考察，指出自郑玄、朱熹以来的误读。“独”并不是空间的概念，而是内在性的概念，是内在的意志、意念，是真实的自我。诚意是修身的一项重要内容，《大学》提出诚意，意义何在？我们知道，儒家是积极入世的学说，入世有很多方式，如教育、经商、做工等，但在孔子的时代，最重要的入世方式是出仕。在《论语》中我们可以看到，有隐者讥讽孔子，劝孔子的弟子与其跟随孔子避人，不如跟随自己避世。孔子怎么回答？孔子说：“鸟兽不可与同群！吾非斯人之徒与而谁与？天下有道，丘不与易也。”（《论语·微子》）就算社会有种种不完满，我们总不能退回去与禽兽相处吧？你不与人类相处，还能与谁相处呢？这样我们的选择只剩一个，就是积极入世，把一个不理想、不完满的社会，改造得较为理想、较为完满。正因为天下无道，还不完满，所以才需要我们去治理、去改变它。怎样去改变？首先当然是要改变自己，通过修身使自己成为一名君子，有机会的话，应积极出仕——出仕不是为自己谋取高官厚禄，而是去实现改造、完善社会的理想。这样由修身做起，然后齐家、治国、平天下，最后“明明德于天下”。改造社会的动力在于“己”，只有从修身、成己做起，才有可能改造、完善社会，所以孔子讲，“为仁由己，而由人乎哉?”（《论语·颜渊》）而修身、成己的一个重要内容便是“诚其意”，是慎独。

须要说明的是，儒家既然积极入世，就不能不面对各种社会关系，面对既定的礼义秩序。所以有一些学者，例如安乐哲先生，把儒家伦理称为角色伦理，把儒学解释为关系主义。儒家确有重视关系的一面，如孔子就非常重视礼，这点与道家有所不同。当年孔子问礼于老子，老子说“子所言者，其人与骨皆已朽矣，独其言在耳”（《史记·老子韩非列传》），你所问的事情，人都早已死了，他们的骨头都朽了，只有他们的话还留着，所以礼是过时的东西，是已没有生命力的东西，“夫礼者，忠信之薄而乱之首”（《老子》第三十八章）。而孔子则主张“非礼勿视，非礼勿听，非礼勿言”，认为“克己复礼为仁”（《论语·颜渊》）。礼就是一种关系性概念，指规范、习俗，成就仁需要从实践礼义做起。孟子重视人伦，一个人如果为了洁身自好而否定人伦，孟子是不能认可的（见《孟子·滕文公下》6·10论陈仲子）。荀子认为，虽然人的力气不如牛，速度不如马，但人可以驯服牛、马，为我所用，原因就在于“人能群，彼不能群也”（《荀子·王制》）。所以人与禽兽的根本不同，就在于人是能群的动物，而群就是组织关系，是由不同角色的人组成的。儒家确有重视角色、关系的一面，但这只是儒学的一个方面，若将其称为关系主义，就不正确了。

儒家在讲关系的同时，还讲己，讲独，讲真实的自我。如果没有“己”，没有自我，不是完全被社会同化、左右了吗？又如何能去改造社会呢？儒家恰恰不是这样。儒家越是积极入世，越是深入社会，越是提醒自己，我们还有自我，还有独。诚其意、慎独是修身的核心内容，也是齐家、治国、平天下的起点。

人生活在社会之中，就会被社会所塑造，所以认识自我是一件十分困难，但也非常重要的事情，是各个民族都曾面临的问题。在希腊圣城德尔斐神殿上刻着一句著名的箴言：“认识你自己。”这是从神的角度讲的。从人的角度讲，就是“认识我自己”。苏格拉底就是这样展开他的哲学思考的，让哲学重新关注“人”的问题，关注自我的问题。印度有一位叫克里希那穆提的哲人，讲了下面一段话：

> 弄清楚我们想做什么是世上最困难的事情之一。不但在青少年时代如此，在我们一生中，这个问题都存在着。除非你亲自弄清楚什么是你真正想做的事，否则你会做一些对你没有太大意义的事，你的生命就会变得十分悲惨……不是吗？因为你一旦发现真正爱做的事，你就是一个自由的人了，然后你就会有能力、信心和主动创造的力量。但是如果你不知道自己真正爱做的是什么，你只好去做人人羡慕的律师、政客或这个那个，于是你就不会有快乐，因为那份职业会变成毁灭你自己及其他人的工具。（克里希那穆提著，叶文可译《人生中不可不想的事》）

我引这段话就是想说明，认识自我是非常困难的事情，但又是我们必须认真对待的事情。儒家主张积极入世、改造社会，但又强调首先要从修身、成己做起，所以首先要承认有一个真实的自我，去追求这个真实的自我，这样才能进一步去改造这个社会。儒家承认现实世界的真实性、合理性，它是入世的，而不是避世的。但承认不等于无条件的认同，明白了这一点，你才能理解孔子所讲的“乡原，德之贼也”（《论语·阳货》）。在《论语》中，只记录了这一句，没有展开。百年之后，在邹城这个地方又出现了一位儒者，就是孟子。他对孔子的这句话做了进一步的阐发：“孔子曰：‘过我门而不入我室，我不憾焉者，其惟乡原乎！乡原，德之贼也。’”（《孟子·尽心下》）。孟子是引孔子的话，说从我的门前经过而不进我屋的人，让我不感到遗憾的，大概只有乡愿了吧。为什么呢？因为乡愿是“德之贼也”，是对道德伤害最大的人。孔子作为一名老师，当然希望有更多的人登门求教，但乡愿除外，可见乡愿的缺点不是一般的缺点，而是不能容忍的恶行，以至于连孔子都不愿与其为伍。其实孔子的道德标准并没有那么严苛，他的理想首先是与坚守中道的人相处，如果遇不到坚守中道之人，也可以退而求其次，与狂者、狷者相处。狂者的特点是志向远大，经常以“古之人”为榜样，但实际往往又做不到，言行有不一致之处；狷者虽然没有那么高的理想，但能做到洁身自好，不同流合污。狂者过之，狷者有所不及，都没有做到中道，没有达到中庸的境界，但都有可取之处，可以相处、来往。最可恨的就是乡愿了，他们得过且过，取悦于世人，却讥讽别人志向远大。他们很会做人，谁也不得罪，所以在乡里往往有好名声。乡愿，从字面上看，就是乡里的老好人，但他们的可气之处也就在这里。你说他不对吧，却找不出毛病；想责骂他吧，又没有理由。为什么呢？因为他们很会做人，混同于流俗，迎合于浊世，为人表面上忠诚老实，行为好像也清正廉洁，所以在乡里有不错的声誉。但是这种人，你没法跟他去实践尧舜之道，没法与他去追求理想。这一点很重要，也是孔子、孟子憎恨乡愿的原因所在。乡愿最大的特点就是没有原则，没有自我，他们对于现实是无条件地认同和附和。你想与他谈谈理想，谈谈如何改造社会，这是绝对不可能的。所以儒家虽然不否定现实人生，但并不认为人生活于其中的社会就是完满的，相反，儒家认为社会是需要我们加以改造的。孔子一生崇尚道、追求道，道就是最高理想，懂得了道，才可能明白人生的意义何在，才有可能去改造社会，所以“朝闻道，夕死可矣”（《论语·里仁》）。可是这些恰恰是乡愿做不到的，他们只会混同于流俗，不懂得还有更高的人生目标，还有道和自我。

追求道就必须有内在自我，有道德主体，所以孔子教导弟子要“仁以为己任”，“死而后已”（《论语·泰伯》），“三军可夺帅也，匹夫不可夺志也”（《论语·子罕》）。“志”就是独，是内在的意志，是真实的自我。孟子讲“先立乎其大者，则其小者弗能夺也”（《孟子·告子上》），先把心确立起来，耳目五官就无法夺取你的心志，所以“自反而不缩，虽褐宽博，吾不惴焉。自反而缩，虽千万人，吾往矣”（《孟子·公孙丑上》）。“缩”是直的意思，“不缩”就是不直，也就是理亏。“褐宽博”，指褐布做的宽大的衣服，这里指穿褐布做的宽大衣服的人，也就是卑贱、地位低下的人，类似我们今天说的乡巴佬。“惴”是恐吓的意思。自问理亏，并不占理，即使面对着地位低下的人，我也不恐吓他，不会仗势欺人；自问理直，真理掌握在我的手里，即使面对千军万马，我也勇往直前，不会被对方的权势所吓倒。这就是独，指内在意志，真实的自我。荀子虽然讲群，但同时也讲诚，讲慎独。所以在儒家那里，是有一个重视独、重视真实自我的传统的，《大学》的诚意慎独，只有放在这个思想脉络中才可以得到理解。

儒家重视群，但同时也讲独，所以不能把儒学简单理解为角色伦理、关系主义，儒学是群与独的统一，不是在群与独之间取其一偏，而是保持中道。到了近代，章太炎先生写过一篇题名《明独》的文章，对群与独的关系做了很好的总结，他提出“夫大独必群，不群非独也”。“大独”，真正的独，也就是真实的自我、独立的个体。独立的个体并不是与社会相隔绝的，不是遗世而独立、做桃花源中的隐者，而是在社会中成就、完成自己，同时也完善、改造着社会。不能参与到社会之中，不能与人组成群的，就不是真正的独。同样，“大独必群，群必以独成”。群是由真正的个体组成的，一群奴隶是无法组成群的。专制社会不准人们发展独立个性，把个人变成家族、宗派、山头、地域等宗法封建关系的附属物，只能造成整个社会的分裂，造成无数国中之“国”，是对社会的最大危害，“小群，大群之贼也”。只有独立人格、独立意志的真正个体，才能形成真正的群，建立起现代的国家，“大独，大群之母也”。胡适先生后来也讲，“一个人应该把自己培养成器，使自己有了足够的知识、能力与感情之后，才能再去为别人”（《略谈人生观》），“自由平等的国家不是一群奴才建造得起来的”（《介绍我自己的思想》），也是这个思想。

所以说儒学有重视人伦关系、礼义秩序的一面，这是与其现实主义的人生态度相适应的。但我们也不要忘记，儒家也有重视独、重视个体、重视人的意志自由的一面，这是其理想主义人生追求的内在根源和动力。所以我觉得章太炎先生的概括非常好，“大独必群”，不能只讲独不讲群，不讲群的独只是消极的独，不是积极的独；“群必以独成”，真正的群只能由独立的个体所构成，现代的国家只能由自主、独立的公民所组成，这才是我们今天读《大学》“慎独诚意”章的精益所在，对于《大学》慎独的“独”必须这样去理解。相反，如果把“独”理解为独居独处，思想境界就低了，也不符合《大学》的原意。

正心修身

杨海文

《大学》传七章以 72 个字的短小篇幅，通过设问、病症、后果、劝谕四个层次，试图解决的重大问题是如何为修身而正心。学术界迄今缺少对这一章的专门研究，思想史阐释显得极有必要。一方面，正心问题在《大学》中既具有自身的独立性，又具有彼此的联动性。从独立性看，传六章的诚意关是善恶关、人鬼关，传七章的正心关是得失关、圣凡关，两者承担不同的人生任务。从联动性看，传七章旨在修正四种不正即偏的心理表现，传八章旨在修正五种偏即不正的人事态度，两者运用相同的论证结构。另一方面，宋明理学为《大学》传七章提供了丰富的解释学资源，它启发人们注意到《大学》《孟子》在心的问题上存在着不可忽视的思想史关联。归结起来，为修身而正心就是要培育良善的精神化身体，这是儒家践履大学之道得以行稳致远的坚实基础。

一、从如何理解《大学》思想体系说起

对《大学》传七章进行思想史阐释，要从《大学》的两大思想——“三纲领”“八条目”说起。“三纲领”是指“大学之道，在明明德，在亲民，在止于至善”，意思是说：大学的功能，在于彰显光明的德性，在于使民众弃旧图新，在于达到最良善的境界。“八条目”是指格物、致知、诚意、正心、修身、齐家、治国、平天下，意思是认识事物、获得知识、真诚意念、端正内心、修养自身、管好家庭、治理国家、平定天下。形象地说，“三纲领”是三面红旗，“八条目”是万里长征的八站路。以“三纲领”统帅“八条目”，高举三面红旗走过万里长征的八站路，这是儒家做人做事、为人处世的大学之道。

为了方便后面的表述，现将“八站路”与“八条目”、章数、章名的对应关系列表如下：

	第一站	第二站	第三站	第四站	第五站	第六站	第七站	第八站
条目	格物	致知	诚意	正心	修身	齐家	治国	平天下
章数	传五章	传五章	传六章	传七章	传八章	传九章	传十章	
章名	格物致知	格物致知	诚意	正心修身	修身齐家	齐家治国	治国平天下	

《大学》的思想体系是很清晰的。朱熹曾说：“《大学》一书，如行程相似。自某处到某处几里，自某处到某处几里。识得行程，须便行始得。”（《朱子语类》卷十四）《大学》这本书就像走路的指南一样，山一程、水一程，风一更、雪一更，告诉人们从哪里开始，到下一个目的地有多远。

正是受此启发，我们把“八条目”比作八站路。朱熹又说：“致知、格物，是穷此理；诚意、正心、修身，是体此理；齐家、治国、平天下，只是推此理。要做三节看。”（《朱子语类》卷十五）这“八站路”可以分为三段：第一段是格物、致知，“穷此理”是认识这个道理；第二段是诚意、正心、修身，“体此理”是体认这个道理；第三段是齐家、治国、平天下，“推此理”是推广这个道理。朱熹还把“八条目”分为两段：“自格物至修身，自浅以及深；自齐家至平天下，自内以及外。”（《朱子语类》卷十五）前一段从第一站到第五站，是由浅而深；后一段从第六站到第八站，是由内而外。朱熹将“八站路”先分为三段、再分为两段，有助于我们理解“八条目”的阶段性。

很多人直线式地理解“八条目”的阶段性，认为“格物、致知、诚意、正心、修身、齐家、治国、平天下”像一条直线那样通达下来。《大学》确实给人留下直线前进的鲜明印象，这与它在理论建构上注重层层递进、逐步落实有关。但是，大学之道的各个环节在具体实践中是双向互动、螺旋上升的，根本不可能一条直线走下来。朱熹说：“才说这一章，便通上章与下章。”（《朱子语类》卷十六）我们读《大学》的这一章，既要看到上一章，也要看到下一章，知道每一章都与前面、后面的章节相互贯通，这样才能把“三纲领”“八条目”作为整体意识，代入我们对《大学》的思想理解与人生实践。

解读《大学》传七章同样如此，既要从自身独立性的角度关注传六章，也要从彼此联动性的角度关注传八章。先看传七章与传八章的关联：传七章讲“正心修身”，侧重修身为什么要正心，实质是为修身而正心；传八章讲“修身齐家”，侧重齐家为什么要修身，实质是为齐家而修身。

它们都以“修身”为关键词。在此，还要特别彰显“四五结构”的概念。从“八条目”的“八站路”看，传七章对应第四站，传八章对应第五站，这是一个“四五结构”。传七章主要讲四种不好的心理表现，传八章主要讲五种不好的人事态度，这也是“四五结构”，而且可以比作“四分五裂”。我们在第四、第五站面临的重大难题是如何解决心身的“四分五裂”状态，这离不开孟子讲的“四德五伦”与儒家经典“四书五经”（它们也是“四五结构”），而要达到的境界是“四通五达”。“四通五达”不是我们杜撰的，而是出自《史记·郦生陆贾列传》。解决了“四分五裂”的状态，就能进入“四通五达”的境界。

二、传七章的层次及其与传六章的关联

《大学》传七章的原文是：

所谓修身在正其心者，身有所忿懥，则不得其正；有所恐惧，则不得其正；有所好乐，则不得其正；有所忧患，则不得其正。心不在焉，视而不见，听而不闻，食而不知其味。此谓修身在正其心。

这一章的大意是：之所以说修养自身在于端正自己的内心，是因为心里有所愤怒，就不能得到端正；心里有所害怕，就不能得到端正；心里有所嗜好，就不能得到端正；心里有所担忧，就不能得到端正。心不在这里，就会睁着眼睛却看不见，竖起耳朵却听不到，吃在嘴里却不知道它的

滋味。这是说修养自身在于端正自己的内心。

“所谓修身在正其心者”，这是设问。“身有所忿懥，则不得其正；有所恐惧，则不得其正；有所好乐，则不得其正；有所忧患，则不得其正”，这是讲病症，描述了四种不好的心理表现。其中，“身”字当作“心”字，下面再解释。四种不好的心理表现产生了什么后果呢？“心不在焉，视而不见，听而不闻，食而不知其味”，这是讲后果。“此谓修身在正其心”，这是劝谕。以上是说《大学》传七章包含四个层次，朱熹的《大学章句》把这一章命名为“正心修身”。严格地说，以“正心修身”为章名，不是很恰当。原因在于这一章实际是讲为修身而正心，正心是重点之所在。

《大学》传七章的原文很简单，只有72个字，至今没有学者写过专门的论文。我们如何展开它呢？前面讲过它与传八章的关联，这里要讲它与传六章的关联。熊十力曾说：“读书一面要屏主观以求著者之志，一面要苦心与深心。先从文句上了解，并要于文句之旁面、反面求体会，更须离文字而会其意。”（《熊十力致北大校长诸公函》）传六章在传七章之前，可称之为“旁面”；所谓“反面”，是什么意思呢？

置身于《大学》“八条目”的第四站，不能不回想第三站究竟解决了哪些问题。换句话说，“正心修身”章与“诚意”章到底有什么关联呢？朱熹的《大学章句》说：“此亦承上章以起下章。盖意诚则真无恶而实有善矣，所以能存是心以检其身。然或但知诚意，而不能密察此心之存否，则又无以直内而修身也。”传七章与传六章既有承上启下、水到渠成的关系，又有相反相成、各自成篇的关系。前者是说：意念真诚了，就是善恶问题得到了解决；内心有了真诚的意念，就能约束自身的行为。后者是说：如果只是知道意念真诚，而不能细致地辨明这个内心是否真实存在，也不可能使得内心正直而修养自身。再具体地说，一旦只有善、没有恶，意念确实真诚了；但它如果不能真切地落实在心里，心就不能明明白白体察到意念已经很真诚，这还是不利于行为，会让心处于流放的状态。所以朱熹认为：即使解决了意念真诚的诚意问题，端正内心的正心问题仍然是自身独立、不可取代的论题。

《大学》只有一千多字，分为经一章、传十章，传文的前四章解释“三纲领”、后六章解释“八条目”，最有哲学内涵的是经一章与传五章、六章。“诚意”章究竟有什么样的哲学内涵呢？先看原文：

> 所谓诚其意者，毋自欺也。如恶恶臭，如好好色，此之谓自谦。故君子必慎其独也。小人闲居为不善，无所不至，见君子而后厌然，掩其不善而著其善。人之视己，如见其肺肝然，则何益矣？此谓诚于中，形于外，故君子必慎其独也。曾子曰：“十目所视，十手所指，其严乎！”富润屋，德润身，心广体胖，故君子必诚其意。

这一章的大意是：所谓让自己的意念真诚，就是不要自己欺骗自己。就像厌恶臭味，就像喜好美色，这是说让自己心满意足。所以君子独处一定要慎之又慎。小人平时做坏事，无所不为，看到君子以后躲躲藏藏，掩盖自己的坏处，但标榜自己的好处。人们看他，就像看透了他的肺肝一样，这样做有什么益处呢？这就是内心的真实情况显露在身上，所以君子独处一定要慎之又慎。曾子说：“十双眼睛在看着，十双手在指着，多么严厉啊！”财富润饰房屋，德行润饰自身，心胸宽广才能身体安泰，所以君子一定让自己的意念真诚。

朱熹曾比喻说："学者到知至意诚，便如高祖之关中，光武之河内。"（《朱子语类》卷十五）如果从第一站格物到了第三站诚意，就相当于汉高祖刘邦打天下已经到了关中，光武帝刘秀恢复天下已经到了河内。言外之意是：只要到了诚意关，曙光就在前头，胜利正在招手。

在朱熹看来，诚意关与正心关是有很大区别的，各自承担不同的人生任务。对于诚意关，朱熹说："诚意是善恶关。""诚意是人鬼关！"（《朱子语类》卷十五）"诚得来是善，诚不得只是恶。""诚得来是人，诚不得是鬼。"这一关可谓相当严峻。对于正心关，朱熹说："意有善恶之殊，意或不诚，则可以为恶。心有得失之异，心有不正，则为物所动，却未必为恶。"（《朱子语类》卷十六）意念有善恶之分，意念如果不真诚，就会作恶；心有得失之分，心如果不端正，就会被外物所诱惑，但这是人之常情，只是过错而不是恶的问题。形象地说，诚意是善恶关、人鬼关，属于敌我矛盾；正心是得失关、圣凡关，属于人民内部矛盾。诚意关与正心关既互为"旁面"，又互为"反面"，由此可见一斑。

过了第三站诚意关，意念已经真诚，我们由鬼变成了人。即便变成了人，人之为人的使命并未就此打住，还必须进入第四站正心关。正心关要做的事是：历经磨难，吃尽苦头，砥砺自我，堂堂正正做人。正心关面临的根本问题是：人们有四种不好的心理表现，它们昼伏夜出、神出鬼没，但不是大非大恶，而是人之常情。人非圣贤，孰能无过？朱熹把正心关称作得失关，我们觉得还可以把正心关称作圣凡关。《大学》传七章说的四个"有所……则不得其正"，就是不正即偏，我们称作"偏正结构"。传七章讲了一个"偏正结构"，传八章也讲了一个"偏正结构"，两者运用相同的论证结构。我们要以修正主义者的修养工夫，直面这两个“偏正结构”及其造成的“四分五裂”状态。

三、设问：“所谓修身在正其心者”解读

《大学》传七章的开头说“所谓修身在正其心者”，意思是之所以说修养自身在于端正自己的内心，这是一个设问句。《大学》经常出现“所谓”“此谓”，两者有什么关系呢？先看下表所示：

	开　头	结　尾
传五章	所谓致知在格物者……	此谓物格，此谓知之至也。
传六章	所谓诚其意者，毋自欺也。	
传七章	所谓修身在正其心者……	此谓修身在正其心。
传八章	所谓齐其家在修其身者……	此谓身不修，不可以齐其家。
传九章	所谓治国必先齐其家者……	此谓治国在齐其家。
传十章	所谓平天下在治其国者……	此谓国不以利为利，以义为利也。

以上各章均以“所谓”开头，且除了传六章，皆以“此谓”结尾。这个论证结构的意义在于：以“所谓”开头，是为了展开论证，把网撒开；以“此谓”结尾，表明论证已经完成，把网收起。这里要特别注意：《大学》有古本、改本之分，《大学章句》属于改本。朱熹对包括经一章在内的前面七章都做过或大或小的改动，为什么对传之七、八、九、十章没有任何改动？我们猜测，这四章完整地具备以“所谓”开头、以“此谓”结尾的论证结构，是朱熹《大学章句》说“自此（传七章）以下，

并以旧文为正”的重要原因。过去很少有人把这个论证结构提炼出来，其实它对我们更为准确地理解《大学》极有帮助。

提出问题之后，如何展开论证？传七章讲完“所谓修身在正其心者”，马上说“身有所忿懥”，准备拿人们的缺点开刀。小程认为“身”字当作“心”字（《河南程氏经说》卷五《伊川先生改正大学》）。《大学章句》说：“程子曰：‘身有之身当作心。’”从《大学章句》到《朱子语类》，朱熹都把“身”字解释为“心”，全盘吸收了小程的成果。传七章的实质是讲为修身而正心，着重点不是身的问题而是心的问题，加上人们通常说“心里生气了”而不是说“身体生气了”，足见小程把“身”改成“心”是有道理的。

借此机会，我们再看看小程《大学》改本的校勘学成果以及朱熹是如何对待它们的。除了刚才讲过的例子，还有三例。第一例涉及经一章。小程认为“亲民”之“亲”当作“新”（《伊川先生改正大学》）。《大学章句》说：“程子曰：‘亲，当作新。’”朱熹完全采纳了小程的成果。第二例涉及传五章。“无情者不得尽其辞，大畏民志，此谓知本。此谓知本，此谓知之至也。”“此谓知本”出现两次，小程认为第一次出现属于衍文，第二次出现不属于衍文。（《伊川先生改正大学》）《大学章句》说：“此谓知本。（程子曰：‘衍文也。’）此谓知之至也。（此句之上别有阙文，此特其结语耳。）”朱熹也认为“此谓知本”是衍文，但把第二次出现的当成衍文，这是两者之间的差别。第三例涉及传十章。小程认为“见贤而不能举，举而不能先，命也”的“命”字是“怠”字之误（《伊川先生改正大学》）。《大学章句》说：“命，郑氏云：‘当作慢。’程子云：‘当作怠。’未详孰是。”从原文看，与“命”字对应的是下文“见不善而不能退，退而不能远，过也”的“过”字。郑玄改“命”为“慢”，小程改为“怠”，是觉得“命”这个字与“过”在语义上不对称。朱熹无法判断究竟是东汉的郑玄还是北宋的小程说得对，所以两说并存，特别说明“未详孰是”。

《伊川先生改正大学》对于《大学》古本做的文字改动计有六处，《大学章句》借鉴了上述四处。从这四处借鉴看，还有一个极少被四书学、朱子学注意的现象值得多加重视：《四书章句集注》随处可见“程子曰”，间或使用“子程子曰”，但朱熹引用小程改“命”为“怠”，为什么用的是“程子云”？“程子云”这一用法，从整个《四书章句集注》看，仅在《大学章句》中出现过这一次，原因何在？众所周知，朱熹对二程无比推崇，《四书章句集注》凡是“程子曰”的引文均为肯定之辞。这一体例之下唯一的例外，就是“未详孰是”针对的小程改“命”为“怠”。对于这一校勘学成果，朱熹既无法完全肯定，又不能断然否定，而是半信半疑。我们推测，正是为了与既有体例“程子曰”相区别，朱熹破例使用了“程子云”的提法，而例外同样是体例的有机组成部分。

一般而言，《大学》改本始于二程。《河南程氏经说》卷五《礼记》收有大程的《明道先生改正大学》、小程的《伊川先生改正大学》。大程只是调整古本的文句次序，小程还对古本做了文字改动。二程的改本各不相同，《大学章句》与二程改本又不一样。黄宗羲曾说：“朱子得力于伊川，故于明道之学，未必尽其传也。”（《宋元学案》卷十三《明道学案上》）朱熹多处借鉴小程的校勘学成果，可谓给黄宗羲的判断做了一个脚注。在程朱理学的三个《大学》改本当中，结构最完整、条理最清晰、论证最缜密、思想最深刻、影响最深远的是朱熹的《大学章句》。朱熹后来居上、集前人之大成，就在于充分吸纳小程的思想，并在此基础上做出了巨大的创新。

四、病症：四个“有所……则不得其正”解读

《大学》传七章在“所谓修身在正其心者”之后接着说：“身有所忿懥，则不得其正；有所恐惧，则不得其正；有所好乐，则不得其正；有所忧患，则不得其正。”这个“有所……则不得其正”的论证结构是讲病症，认为忿懥、恐惧、好乐、忧患是四种不好的心理表现。“忿懥”的意思是愤怒，“恐惧”的意思是害怕，“好乐”的意思是嗜好，“忧患”的意思是担忧。进一步细问：你为什么愤怒？你为什么害怕？你的嗜好是什么？你的担忧是什么？任何人都不可能只是在某件事上有愤怒、有害怕、有嗜好、有担忧，它们落实到具体事物上是千差万别、千姿百态的。朱熹没有逐个解释这四个“有所……则不得其正”，而是合起来讲解，有时还把忿懥、恐惧、好乐、忧患与《中庸》的喜、怒、哀、乐以及《孟子》的恻隐、羞恶、辞让、是非相提并论。

《大学章句》指出：“盖是四者，皆心之用，而人所不能无者。然一有之而不能察，则欲动情胜，而其用之所行，或不能不失其正矣。”忿懥、恐惧、好乐、忧患都是心的表现，人人心里都有这四样东西。一旦有了这四样东西，就是动心了，欲望就开始吞噬心灵。如果不克制自己的欲望，心就不能得到端正。朱熹又说：“诚意是无恶。忧患、忿懥之类却不是恶。但有之，则是有所动。”（《朱子语类》卷十六）过了诚意关，就是过了善恶关。与之相比，忿懥、恐惧、好乐、忧患不是恶，但一旦有了它们，心

就会为之所动，得不到端正。这两段话告诉人们：忿懥、恐惧、好乐、忧患不是大是大非、敌我矛盾的问题，而是人皆有之的日常生活本身，是人非圣贤、孰能无过，有则改之、无则加勉的伦理实践课题。我们既不要轻视它们，也不要把它们看得很坏。

王阳明也认为忿懥、恐惧、好乐、忧患是不可或缺的人之常情。《传习录》说："忿懥几件，人心怎能无得？只是不可有耳！"凡是人心，就有这四样不好的东西。"不可有"之"有"的意思是长期存在，"只是不可有耳"是说不能听任这四种不好的心理表现长期存在下去。心有忿懥、心有恐惧、心有好乐、心有忧患是正常的心理现象，属于人在超越自我、成就圣贤过程当中必然面对而且必须解决的人生问题。我们不能意气用事、感情用事，要好好改正这些不好的心理表现。

朱熹曾说："四者岂得皆无！但要得其正耳，如《中庸》所谓'喜怒哀乐发而中节'者也。""心有喜怒忧乐则不得其正，非谓全欲无此，此乃情之所不能无。但发而中节，则是；发不中节，则有偏而不得其正矣。"（《朱子语类》卷十六）心里有忿懥、恐惧、好乐、忧患，就像有喜、怒、哀、乐一样。让忿懥、恐惧、好乐、忧患端正起来，就像是让喜、怒、哀、乐"发而中节"；如果忿懥、恐惧、好乐、忧患不能端正起来，就像是"发不中节"。这是用《中庸》解释《大学》。《中庸》没有直接解释过"发不中节"，朱熹这里做了创造性阐释。朱熹还说："好、乐、忧、惧四者，人之所不能无也，但要所好所乐皆中理。合当喜，不得不喜；合当怒，不得不怒。"（《朱子语类》卷十六）该喜欢的要喜欢，该愤怒的要愤怒，该有点癖好要有点癖好，该有点瑕疵要有点瑕疵。这同样是说，心里有四种不好的表现，这很正常。它们不仅是成就圣贤必然要经历的考验，而且就是生活本身，关键在于端正起来。

朱熹除了用《中庸》解释《大学》，还用《孟子》解释《大学》。他说：“恻隐、羞恶、辞让、是非，四端之著也，操存久则发见多；忿懥、忧患、好乐、恐惧，不得其正也，放舍甚则日滋长。”（《晦庵先生朱文公文集》卷四十八《答吕子约》）恻隐、羞恶、辞让、是非是四端之心的萌芽，久久地抓住它们、存有它们，就会对心灵产生越来越多的正面作用。忿懥、恐惧、好乐、忧患这四样东西，原本未能端正起来，如果任其发展，它们就会日益增长，对心灵产生越来越多的负面作用。

前面讲过“所谓”与“此谓”的关系。这里再看《大学》的四个“有所”、两个“无所”，两者的关系也是有滋有味的。

对于《大学》传七章讲的四个“有所”，朱熹说：“四者人不能无，只是不要它留而不去。如所谓‘有所’，则是被他为主于内，心反为它动也。”（《朱子语类》卷十六）清代大儒孙奇逢说：“忧患恐惧，最怕有所。一有所，则我心无主。古来忠臣、孝子、义士、悌弟，只是能自作主张。学者正在此处着力。”（《池北偶谈》卷七《谈献三·苏门孙先生言行》）人们面对忿懥、恐惧、好乐、忧患，最怕的是“有所”。心被“有所”占领，主人的位置就让给了那些“有所”。日常语言说某人的行为“有所”不良，意思是“偶尔”“局部”不良。《大学》的“有所”也不是说完完全全地有，而是说零零散散地有。但是，零零散散地有，今天有、明天有，这也有、那也有，多了就会坏事。一旦“有所”多了，心失去了自身，就是“我心无主”。

与“有所”相对的是“无所”。《大学》传二章说：“是故君子无所不用其极。”传六章说：“小人闲居为不善，无所不至，见君子而后厌然，掩其不善而著其善。”前一个“无所”是从好的方面讲，“无所不用其极”是对治四个“有所”的不龟手之药。不好的“有所”多了，就从方方面面予以改正。君子在任何一个方面都很努力，目的是让光明的德性在自己身上得以彰显，这就是“无所不用其极”。后一个“无所”是从不好的方面讲。如果不正心，四个“有所”就会恶性膨胀到“无所不至”的地步。心里的“有所”多了，又不去改正，就是“无所不至”，什么坏事都干得出来。

五、后果：“心不在焉”一句解读

《大学》传七章的四个“有所……则不得其正”是讲四种不好的心理表现，这一病症的后果是“心不在焉，视而不见，听而不闻，食而不知其味”。举个例子，一个女孩子失恋了，给人看到的样子是心不在焉、六神无主、茶饭不思、百无聊赖。为什么叫作失恋？实质是我心无主。因此，这段话不仅是由四个并列的短句组成，更应视作以一统三的结构。“心不在焉”就是我心无主，自己的心里没有主宰。因为心里没有主宰，所以“视而不见”，有眼睛但看不见任何事物；“听而不闻”，有耳朵但听不到任何声音；“食而不知其味”，吃东西但觉察不出它的味道。四个“有所”多了，人越来越心不在焉，就与行尸走肉毫无二致。这是成人之路上最可怕的事情。

如果心在，会不会“视而不见，听而不闻”呢？常识告诉人们，只要心在，视可见、听可闻是自然而然的。但是，心在的时候，也可以视而不见、听而不闻。比如，安安心心做一件事，心无旁骛，对周围的事物毫无反应，就是视而不见、听而不闻。《中庸》说："鬼神之为德，其盛矣乎！视之而弗见，听之而弗闻，体物而不可遗。"鬼神具有的德性无比盛大，看它看不见，听它听不到，体现在万物之中而无处不在。这里的"视之而弗见，听之而弗闻"，是摹状鬼神的本体存在。《中庸》还说："道也者，不可须臾离也，可离非道也。是故君子戒慎乎其所不睹，恐惧乎其所不闻。"道是不可以片刻离开的，可以离开的就不是道。所以君子在自己看不见的情况下谨小慎微，在自己听不到的情况下诚惶诚恐。这里的"其所不睹""其所不闻"，是表达君子的慎独工夫。由此可见，"视而不见，听而不闻"的含义是多方面的，既可以经验地描述六神无主或专心致志的生活态度，也可以抽象地陈述本体与工夫的哲学内涵。

如果心在，会不会"食而不知其味"呢？《论语》7·14 有"子在齐闻《韶》，三月不知肉味"的记载，孔子还说"不图为乐之至于斯也"。孔子在齐国听到《韶》乐后，几个月都沉浸于那些美妙的音乐之中，吃什么大鱼大肉都索然无味。《孟子》11·7 则说："故理义之悦我心，犹刍豢之悦我口。"仁义道德让我的心灵快乐，就像大鱼大肉让我的口快乐一样。心不在，可以"食而不知其味"；心在，也可以"三月不知肉味"。尽管"三月不知肉味"与"食而不知其味"的字面意思差不多，但它们是两种不同的心理状态。

心当有自己的主宰，但心的问题又特别复杂。比如，"无心→有心→无心"在某种意义上代表了心的三个变化阶段。《大学》的"心不在焉"是说心已沉沦，这是无心。《孟子》11·15 的"心之官则思"是说心已觉醒，这是有心。《庄子·人间世》说："若一志，无听之以耳而听之以心，无听之以心而听之以气。听止于耳，心止于符。气也者，虚而待物者也。

唯道集虚。虚者，心斋也。”如果要意志专一，就不要用耳朵去听声音，而要用心去体认；就不要用心去体认，而要用气去感应。耳朵的作用只是听声音，心的作用只是认知事物。气这个东西，空明虚无而能容纳万物。只有大道能够彰显空明虚无。空明虚无，就是心变得干干净净。庄子的“心斋”是说心已超越，这是无心。“无心→有心→无心”是上升的心路历程，而“无心←有心→无心”是动态的发展过程。基于觉醒之心（这是有心），一方面，如果不正心到了极端，心就会自身沉沦，这是无心；另一方面，如果正心到了极致，心就会超越自身，这又是无心。心既有经验的面向，又有超验的面向。心是自己的，心也只能是自己的。你怎么对待自己的心，心就给你怎样的回报。以超验之心引领经验之心，在经验的世界当中不断地超越，正心这件事任重而道远。

六、劝谕：“此谓修身在正其心”解读

《大学》传七章的最后一句话是“此谓修身在正其心”，意思是，这是说修养自身的关键在于端正内心。这个劝谕显得过于简单。修养自身为什么要端正内心？正心为什么是修身的必修课？《大学》没有再解释下去，但为修身而正心是中国思想史固有的问题意识，积淀了丰厚的理论资源与执着的实践智慧。

先看丰厚的理论资源。据《荀子·大略篇》记载：“孟子三见宣王不言事。门人曰：‘曷为三遇齐王而不言事？’孟子曰：‘我先攻其邪心。’”王先谦注云：“以正色攻去邪心，乃可与言也。”（《荀子集解》卷十九）孟子三次见齐宣王，没有谈任何事情。学生们不理解，孟子解释说这是要

先攻破他心里的邪念。孟子有泰山岩岩之气象，齐宣王是满脑子的利欲熏心。“先攻其邪心”就是“惟大人为能格君心之非”（《孟子》7·20），只有具备大德的知识分子才能根除君主心里那些不好的想法。董仲舒曾说：“故为人君者，正心以正朝廷，正朝廷以正百官，正百官以正万民，正万民以正四方。”（《汉书》卷五十六《董仲舒传》）四方、万民、百官、朝廷得以端正，追根溯源是君主先要正心。君心之非的纠正是靠他人的“依他”还是靠自己的“依自”，这似乎是孟子与董仲舒的不同之处。

在杨时看来，《大学》《孟子》皆以正心为本。他说：“《孟子》一部书，只是要正人心，教人存心养性，收其放心。”“《大学》之修身、齐家、治国、平天下，其本只是正心、诚意而已。”（《杨时集》卷十二《余杭所闻二》）这番话的重点是讲《孟子》，附带提到《大学》，所以被朱熹录入《孟子集注·孟子序说》。但是，《大学》与《孟子》在思想史上的关联十分密切。我们可以看看王阳明这个例子。

王阳明说：“耳目口鼻四肢，身也，非心安能视听言动？心欲视听言动，无耳目口鼻四肢亦不能。故无心则无身，无身则无心。”（《传习录下》）人人都有自己的身体，身体的功能是视听言动。如果没有心，怎能视听言动呢？同理，心要视听言动，如果没有身体，也是不可能的。王阳明还说：“心者身之主宰，目虽视而所以视者心也，耳虽听而所以听者心也，口与四肢虽言动而所以言动者心也。故欲修身在于体当自家心体，常令廓然大公，无有些子不正处。主宰一正，则发窍于目，自无非礼之视；发窍于耳，自无非礼之听；发窍于口与四肢，自无非礼之言动。此便是修身在正其心。”（《传习录下》）尽管身、心互相离不开，但两者有主次之分，心是身的主宰。修身就是体当自家的心体，让心廓然大公，没有一丝一毫的不正。心里一旦有了主宰，眼睛就不会有非礼之视，耳朵就不会有非礼之听，嘴巴就不会有非礼之言，四肢就不会有非礼之动，视听言动就会无不合乎礼仪规范。这也就是《大学》说的“修身在正其心”。

众所周知，《大学》先有古本，后有改本，《大学章句》是改本的典范之作，而王阳明推崇古本。这能从一个侧面说明朱熹、王阳明何以都是大思想家。以往，主流思想史通常是从孟子学的角度解释这个问题。朱熹写过《孟子集注》，它在孟学史上的地位无出其右者；与朱熹同时代的陆九渊以孟子学自我标榜，王阳明则是心学在宋明理学史上的集大成者。这里要问：王阳明能与朱熹分庭抗礼，除了孟子学，是否还有其他因缘呢？换个提问方式，朱熹的思想影响力为什么比陆九渊大得多呢？部分原因显然在于，陆九渊只对《孟子》做过研究，对《大学》缺乏研究；朱熹不仅对《孟子》做过研究，而且对《大学》也有研究。正是因为意识到陆九渊没有把《大学》真正当回事，所以王阳明对《大学》下过苦功夫，最大的理论成果是提出了“致良知”。“致知”二字出自《大学》，“良知”二字出自《孟子》13・15。阳明心学独步天下，很大程度上应当归功于王阳明融会贯通《大学》《孟子》，将“致知”与“良知”综合创新为“致良知”。

再看执着的实践智慧。要修身，不能不正心；心正了，有利于修身。“杨震夜间拒十金”“许衡不吃无主梨”生动体现了为修身而正心的实践智慧：心简单，世界就简单；心自由，生活就自由。

杨震是东汉末年著名的易学家，为官清廉，提携过很多后进。据《后汉书》卷五十四本传记载，王密（生卒年不详）因杨震的举荐，做了昌邑（今属山东潍坊）县令。杨震有一次路过昌邑，住在旅馆。王密晚上怀揣十斤金子前往，准备答谢杨震的提携之恩，被杨震坚决拒绝。杨震说："你我已是老相识，还不知道我的为人吗？"王密说："深更半夜，没有人知道我送过金子的。"杨震说："天知、神知、子知、我知，怎么叫作没有人知道呢？"这个故事表明：心端正了，你再遇到任何事情，都会处在正确的方向与位置上。先秦儒家强调慎独工夫，这个"独"不是闲得无聊而有的孤独，而是《大学章句》说的"人所不知而已所独知之地"，更是《大学》传六章说的"十目所视，十手所指，其严乎"。人在做，天在看，举头三尺有神明，时刻要有不欺暗室、守得其正的敬畏之心。不管是否有人监督，心头总有一双检视自己言行的眼睛，它是一种道德律令，职责是对自我进行匡正。

许衡是元代大儒。据《元史》卷一百五十八本传记载，许衡等人夏天路过河阳，口渴难耐。人们看到路边有梨树，纷纷摘下梨子解渴，只有许衡正襟危坐于树下，安然若泰。有人问他为什么不摘梨子吃，他说："非其有而取之，不可也。"不是自己所有的东西而占有它，这是不可以的。人们说："世道这么乱，梨树哪有主人呢？"他说："梨无主，吾心独无主乎？"梨树没有主人，我的心难道没有主人吗？这个故事足见许衡深受孟子的影响，因为"非其有而取之，不可也"典出《孟子》13・33 说的"杀一无罪，非仁也；非其有而取之，非义也"。《元史》本传还抄了许衡说的一段话："必如古者《大学》之道，以修身为本。一言一动，举可以为天下之法；一赏一罚，举可以合天下之公。则亿兆之心将不求而自得，又岂有失望不平之累哉？"据此，可以说"梨无主，吾心独无主乎"是与《大学》有关的。

七、心之思、精神化身体与行稳致远

讲完“此谓修身在正其心也”，《大学》传七章的原文解读暂时告一段落。这一章的思想史阐释无疑会永远处于现在进行时态。心到底是什么？这是人们始终面临的根本问题。心是最难讲的，它似乎从未有过标准答案。“画虎画皮难画骨，知人知面不知心。”很少有人真正能把心的事情讲清楚，即使是自己的心也很难讲得清楚。以“四书”为代表的儒家哲学如何看待人心呢？范围再缩小一些，我们能从曾子、孟子那里得到哪些启示呢？

《论语》有6个“心”字。例如，孔子说：“回也，其心三月不违仁；其余，则日月至焉而已矣。”（《论语》6·7）孔门那些弟子，唯有颜回的内心做得到几个月不违背仁义，其他人能够做到几天一个月就算不错了。孔子谈论自己的一生，先是说了十五岁、三十岁、四十岁、五十岁、六十岁这几个阶段，最后说“七十而从心所欲，不逾矩”（《论语》2·4）。只有到了七十岁，孔子方能随心所欲，任何念头都不逾越规矩。这表明心的事情难以说清楚，正心是极难的一件事。心灵的最高境界必须假以漫漫时日、沧桑阅历方可达致，否则根本无法企及。

从朱熹奠基的四书学看，《大学》可以视为曾子所写。它有11个“心”字（不包括传五章的补传）；如果“身有所忿懥”就是“心有所忿懥”，则有12个“心”字。这里不再赘述曾子如何论心，只想提及《大学》传九章说的“心诚求之，虽不中，不远矣”。意是要诚的，心也要诚。只要内心真诚地进行追求，即使不能完全符合目标，也会相差不远。

曾子之后是子思，可以说子思写了《中庸》，但它没有“心”字。直到《孟子》，126个“心”字全面开花，堪称“心花怒放”。

孟子引过孔子说的一句话：“操则存，舍则亡；出入无时，莫知其乡。”并说：“惟心之谓与？”（《孟子》11·8）心是这样一个东西：抓住它，它就能留下；放弃它，它就会跑掉。它想进就进，想出就出，毫无规律可言。人们既不知道它从哪里来，也不知道它要到哪里去。摸一摸自己的心，难道不是这样吗？此心是平常心，像璞玉那样未经打磨的心。“欲贵者，人之同心也。人人有贵于己者，弗思耳矣。”（《孟子》11·17）每个人都想富贵，但有更可贵的东西早已存在于自身，只是自己没有想过而已，这个东西就是仁义礼智。经过打磨的心是什么样子？就是“故理义之悦我心，犹刍豢之悦我口”（《孟子》11·7），仁义礼智最能使得吾心快乐。

《孟子》11·11说：“人有鸡犬放，则知求之；有放心而不知求。学问之道无他，求其放心而已矣。”家里的鸡狗走失了，谁都知道要把它们找回来；自己的本心丢失了，却没有几个人知道要把它找回来。人们常常不知道自己的心放哪儿了，不知道自己的心跑哪儿去了。学问之道只是找回丢失的本心，而“求其放心”离不开“心之官则思”（《孟子》11·15）。“心之官”的功能是思考，知道自己有什么、没有什么。通过“心之官则思”这个创造性命题，孟子的心性论得以发展起来。“君子所性，仁义礼智根于心”（《孟子》13·21），君子的本性就是仁义礼智厚植于自己的心里，这句话可谓孟子心性论的思想高峰。

《孟子》论心，可谓比比皆是。“良心”“本心”（《孟子》11·8，11·10）这些习以为常的语词就是孟子提出的。孟子在心学史上的地位世罕其匹，因为他是心学的开创者。完全可以这样认为：“不论性，孟子在哲学上走不进他那个时代；不谈心，孟子在哲学上走不出他那个时代。孟子既是与众不同的性学家，更是前无古人的心学家。”（杨海文《我善养吾浩然之气——孟子的世界》）

朱熹的《大学章句序》说：“三千之徒，盖莫不闻其说，而曾氏之传独得其宗，于是作为传义，以发其意。及孟子没而其传泯焉，则其书虽存，而知者鲜矣。”三千之徒都听孔子谈过大学之道，但只有曾子传了下来；到了孟子这里，再也没有传下去。“四书”论心，《大学》《孟子》独具匠心，是最具哲学意义的。从曾子到孟子的这一思想史传承，以前“知者鲜矣”，现在值得特别表彰。下面试对心身关系与精神化身体略作探讨。

人们常说，心有所思，面有所示；人心不同，各如其面；相由心生，境由心造。这是说内在显示为外在、“精神变物质”是心身关系的重要体现。《大学》传七章以“所谓修身在正其心者”设问，题中之义必然包括这个问题：如果内心已经端正，它在身上如何显示呢？从身体哲学的角度看，“眉清目秀”是说一个人有道家的味道，“慈眉善目”是说一个人有佛家的味道。内心的精神力量在眉毛、眼睛上面得以体现，就是精神化身体已经生成，精神长相正在展露。为修身而正心，因心正而身修，精神化身体是心身互动的必然结果，儒家要有良善的精神长相，这同样是《大学》与《孟子》关注的问题意识。

《大学》传六章的最后一句话是“富润屋，德润身，心广体胖，故君子必诚其意”。有了财富，家里会装饰得更好，这是“富润屋”；有了道德，身体会滋润得更好，这是“德润身”。“心广体胖”不是说身材肥胖，而是说心底无私天地宽，身体就会安康舒泰。这一章还对小人与君子做过对照：小人的心里再怎么掩饰，脸上也是一副丑态；君子的心里再怎么谦虚，脸上也是一股正气。心里那些真实的想法总是会在身上展现出来，“诚于中，形于外”是这一章对于心身关系的理论总结。“心广体胖”是哲学中的大白话，“诚于中，形于外”是地道的哲学语言。让自己的意念真诚起来，让自己的内心端正起来，这样才能“中心达于面目”“四体不言而喻”（《孟子》5·5，13·21），呈现良善的精神长相。

《孟子》7·15说：“存乎人者，莫良于眸子。眸子不能掩其恶。胸中正，则眸子了焉；胸中不正，则眸子眊焉。听其言也，观其眸子，人焉廋哉？”眼睛是心灵的窗户，观察一个人最好的地方莫过于眼睛。眼睛是揉不进沙子的，眼睛不会掩饰内心的邪恶。内心端正，眼睛就明亮；内心不端正，眼睛就浑浊。听人说话，只要盯住他的眼睛，就知道讲的是真话还是假话。孟子看重人的眼睛，是因为眼睛暗藏了精神化身体的顶级密码。

再看《孟子》13·21。孟子讲的“君子所性，仁义礼智根于心”，就是《大学》讲的“诚于中”；而孟子讲的“其生色也睟然，见于面，盎于背，施于四体，四体不言而喻”，就是《大学》讲的“形于外”。“生色”是生发出来的气色，“睟然”是温润和顺。只要心里是实实在在的好，它生发出来的气色就是温润和顺的。这种气色不仅表现在脸上，而且洋溢在背上，更是延伸到四体。“四体不言而喻”，是四体用不着说话，就能让别人心领神会。精神化身体如何由内到外体现出来？武侠小说常说某位高手打通了任、督二脉。在我们看来，“见于面”当与任脉有关，“盎于背”当与督脉有关。这两脉一旦打通，人的气色就会温润和顺。儒家讲的精神化身体是与中医相关的，正如《中国哲学史》是中医的专业必修课。

成语“手舞足蹈”出自《孟子》7·27，是说人们一旦达到高远的道德境界，连手脚都会情不自禁地跳起舞来。《孟子》13·38说："形色，天性也；惟圣人然后可以践形。""形色"是指身材、长相。人的身材、长相一般是年轻的时候好，年老就不好了。要让天生的身材、长相长期葆有气质，终极的补品是道德修养。"践形"就是"腹有诗书气自华"。在孟子看来，圣人是道德修养的楷模，道德修养使得他们的精神长相不断地好上加好。

精神化身体是经由艰难困苦的道德修养炼成的，精神长相必须在纷繁芜杂的人伦生活中焕发自身的力量。话说回来，《大学》传七章只有72个字，似乎难以给人们提供足够的工夫论指引。《孟子》3·2说："必有事焉而勿正，心勿忘，勿助长也。"在先秦儒学史上，这是做工夫的重要方法。"有"是"为"（《经传释词》卷三"有"条），"有事"就是做事，"必有事焉"是一定要把事情做好，"而勿正"是目的性不要太强，"心勿忘"是心里不要忘记它，"勿助长也"是不要故意帮它成长。它将心身关系朝着伦理实践的方向引领，朝着做好人的方向引领，成为我们在现实伦理生活中处理心身关系的不二法门。孟子还多次讲过心、事与政治的关系。第一次说："生于其心，害于其政；发于其政，害于其事。"（《孟子》3·2）它们产生在心里面，就会危害到政治；它们表现在政治上，就会危害到做事。第二次说："作于其心，害于其事；作于其事，害于其政。"（《孟子》6·9）它们出现在心里面，就会危害到做事；它们出现在做事上，就会危害到政治。这同样是在警醒人们要对正心予以高度重视。

心如何能够端正起来？这是《大学》传七章要解决的根本问题。《大学》讲"三纲领""八条目"，很多时候是从伦理政治方面展开的。我们最后提到《孟子》讲的心—政—事、心—事—政，正是为了回应这一伦理政治主题。解决伦理政治问题的前提是道德哲学。只有心正了，才能从根子上拥有真正的自我，成为自身的主宰，往前可以格物、致知、诚意，往后可以修身、齐家、治国、平天下。正心这一关是得失关、圣凡关。我们要在这一关做足为修身而正心的工夫，然后无惧地朝着“善政天下、良治中国”行稳致远。

修身齐家

杨海文

《大学》传八章题为“修身齐家”，实质是为齐家而修身，修身是着重点。它通过设问、病症、原因、后果、警示五个层次，试图凸显修身的重要性。因其仅有96个字，内容又是卑之无甚高论的人之常情，历来很少有人能够清晰、准确地把握传八章的这一理论使命。思想史阐释要求我们一方面将传七章讲的四种不好的心理表现与传八章讲的五种不好的人事态度归结为“四五结构”，另一方面将传七章讲的不正即偏与传八章讲的偏即不正抽象为“偏正结构”。借助这一分析，修身是指修正主义者在日常伦理生活中不懈地克服“四分五裂”的心事困境，它在《大学》“八条目”中具有承前启后、继往开来的独特地位。

一、传八章的层次及其与传七章的关联

按照《大学》“八条目”的次序，传七章属于第四站，传八章属于第五站。第五站有什么风光呢？先看传八章的原文：

所谓齐其家在修其身者，人之其所亲爱而辟焉，之其所贱恶而辟焉，之其所畏敬而辟焉，之其所哀矜而辟焉，之其所敖惰而辟焉。故好而知其恶，恶而知其美者，天下鲜矣！故谚有之曰：“人莫知其子之恶，莫知其苗之硕。”此谓身不修，不可以齐其家。

“所谓齐其家在修其身者”，这是设问；“人之其所亲爱而辟焉，之其所贱恶而辟焉，之其所畏敬而辟焉，之其所哀矜而辟焉，之其所敖惰而辟焉”，这五个“辟”字句是讲病症；“故好而知其恶，恶而知其美者，天下鲜矣”，这是讲原因；“故谚有之曰：‘人莫知其子之恶，莫知其苗之硕。’”是讲后果；“此谓身不修，不可以齐其家”，这是警示。以上是说《大学》传八章包含五个层次，朱熹的《大学章句》把这一章命名为“修身齐家”。但是，“修身齐家”并不是“修身＋齐家”的并列动宾结构，而是讲为齐家而修身，修身是其着重点。

这一章的大意是：之所以说管好自己的家庭在于修养自身，是因为人们遇到自己亲爱的人，往往就会过分亲爱；遇到自己讨厌的人，往往就会过分讨厌；遇到自己敬畏的人，往往就会过分敬畏；遇到自己同情的人，

往往就会过分同情；遇到自己轻视的人，往往就会过分轻视。所以喜欢一个人而又知道他的缺点，讨厌一个人而又知道他的优点，这是天下少有的。所以俗语有这样的说法："人们不知道自家孩子的缺点，不知道自家禾苗的茁壮。"这是说自身没有得到修养，就不能管好自己的家庭。

我们读《大学》的任何一章，都要瞻前顾后、首尾呼应，既要想到上一章，还要想到下一章。看传八章就得同时看传七章，要对这两章的关联有所了解。朱熹就此做过一些说明。

有学生认为《大学》传七章、八章是讲同一个意思。朱熹回答说：传七章讲忿懥、恐惧、好乐、忧患，这是从心上讲；传八章讲亲爱、贱恶、畏敬、哀矜、敖惰，这是从事上讲。前一章是从心上讲，所以要从心上理会；后一章是从事上讲，所以要从事上理会。从心上理会，就得看到念虑之偏；从事上理会，就得看到事为之失。(《朱子语类》卷十六）从心上理会、事上理会看，心与正心密切相关，事与修身密切相关，心身关系就是心事关系。

朱熹还说：忿懥、恐惧、好乐、忧患是心与物相接之时发生的事情，亲爱、贱恶、畏敬、哀矜、敖惰是身与物相接之时发生的事情。(《朱子语类》卷十六）把心物、身物归结为事情，这是一个重要而又基本的哲学观点。我们的视听言动无一不是一件一件的事情。心可以说很实，也可以说很虚。要让很虚的心变得实起来，就必须落实在一件一件的事情上面。心上理会、事上理会，归根到底，都要在事情上理会。

我们还可以做这样的对比：传七章讲四种不好的心理表现，传八章讲五种不好的人事态度，这个四五结构叫作"四分五裂"。这种状态靠什么解决？靠孟子讲的"四德五伦"，靠儒家经典"四书五经"，而要达到的境界是“四通五达”。四五结构是我们解读《大学》这两章需要不断敞开的心得体会。

四种不好的心理表现、五种不好的人事态度有什么联系呢？从传七章看，四种不好的心理表现是讲四个“有所……则不得其正”，所以，不正就是偏。传八章有五个“辟”字句，“辟”就是“偏僻”的“僻”，所以，偏就是不正。传七章讲不正即偏，传八章讲偏即不正，它们都是“偏正结构”。面对这两个“偏正结构”，我们应该做“修正主义者”。“修正主义者”这个名词在现代政治语境当中通常是贬义词，但在中国古代道德语境当中却是地道的褒义词，因为“修正”的意思是让不正确的东西归之于正。做“修正主义者”，做道德意义上的修正主义者，是我们破解这两个“偏正结构”的下手工夫。

《大学》传八章究竟如何讲述为齐家而修身？它又是如何直逼人心，而嵌入我们的实际生活？下面以原文的五个层次为中心，尤其是紧密结合传七章，并辅之以四书学、朱子学，略作思想史的阐释。

二、设问：“所谓齐其家在修其身者”解读

《大学》传八章的第一句话是“所谓齐其家在修其身者”，这个“其”字是多余的吗？我们看传之六、七、八、九、十章的开头，传六章是“所谓诚其意者，毋自欺也”，传七章是“所谓修身在正其心者”，传八章是“所谓齐其家在修其身者”，传九章是“所谓治国必先齐其家者”，传十章是“所谓平天下在治其国者”，“齐其家”的“其”字看起来确实有点多余。

小程的《伊川先生改正大学》认为“齐其家”的“其”字属于衍文，就是多出来的字词。朱熹没有采纳这个观点，《大学章句》对此只字未提。我们的猜测是：因为传八章“所谓齐其家”与传六章“所谓诚其意”的语法是一样的，所以朱熹不认为“其”字是衍文。小程对于《大学》还有一处改动，朱熹也没有采纳。《大学》的最后一句话是：“此谓国不以利为利，以义为利也。”《伊川先生改正大学》在这句话的后面做了小字夹注，说另有版本写作“彼为不善之小人，使之为国家”。对于这一说明，《大学章句》同样只字未提。

小程与朱熹的《大学》改本是有差异的。朱熹对于小程的改本有四个地方借鉴了，而以上两个地方没有借鉴。《大学》在“四书”中是比较特别的一本书。校勘学所说的衍文、阙文、错字、错简等情形，《大学》中都有出现，所以《大学》有古本、改本之分，而《论语》《孟子》《中庸》不存在这类情况。正因《大学》存在衍文、阙文、错字、错简，这让宋明时期那些最具理论水平的思想家获得了改造并阐释《大学》的巨大空间，为宋明理学的发展提供了极具开放性的思想理论平台。

“所谓齐其家在修其身者”，意思是之所以说管好自己的家庭在于修养自身。家庭管好了就是齐家，所以我们用“管好家庭”解释“齐家”二字，目的是让实实在在的日常伦理生活能与齐家的目标一拍即合。这句话是设问句。它通过“所谓”进行设问，然后展开论证。展开论证的方式，同样是拿缺点开刀。《大学》传七章是拿四种不好的心理表现开刀，传八章是拿五种不好的人事态度开刀，它们都是拿缺点开刀。

三、病症：五个“辟”字句解读

怎么拿缺点开刀呢？这就涉及五个“辟”字句：“人之其所亲爱而辟焉，之其所贱恶而辟焉，之其所畏敬而辟焉，之其所哀矜而辟焉，之其所敖惰而辟焉。”它们描写了五种不好的人事态度，可以视作病症。亲爱、贱恶、畏敬、哀矜、敖惰，这是指五类人。如果对号入座，他们究竟是五类什么样的人呢？古往今来，对这五类人进行过确切定位的人很少，通常只是举例说明、随处说法。

我们对这五类人做如下定位：其一，“亲爱”是指应该亲爱的人。我们亲爱的人有哪些？比如亲人、朋友。其二，“贱恶”是指令人讨厌的人。我们讨厌的人有哪些？比如衣冠禽兽、地痞流氓。其三，“畏敬”是指值得敬畏的人。我们敬畏的人有哪些？比如有德者、有位者。其四，“哀矜”是指需要同情的人。我们同情的人有哪些？比如生活有困难、身体有残疾的人。其五，“敖惰”是指让人看不起的人。我们看不起的人有哪些？比如蛮不讲理、横行霸道者。以上定位的特点是简明扼要、一目了然，但未必完全准确，这是需要人们注意的。

《大学》传八章认为：五种不好的人事态度，体现为过分对待这五类人。对于亲爱的人，你过分亲爱了；对于讨厌的人，你过分讨厌了；对于敬畏的人，你过分敬畏了；对于同情的人，你过分同情了；对于轻视的人，你过分轻视了。为什么把“辟”解释为“过分”？这是因为《大学章句》说：“辟，读为僻。”“辟，犹偏也。”朱熹指出“辟”读作“僻”，意思就是“偏”。我们认为传八章勾勒了一个“偏正结构”，就是基于这一解释得出的。偏即不正，这是指传八章；不正即偏，这是指传七章。它们展示了两个“偏正结构”。下面依据《朱子语类》的解读，看看究竟如何具体区分这五类人。

第一，对于“人之其所亲爱而辟焉”，朱熹举的例子是：“如父子是当主于爱，然父有不义，子不可以不争；如为人父虽是止于慈，若一向僻将去，则子有不肖，亦不知责而教焉，不可。”（《朱子语类》卷十六）父子之间以爱为主。但是，父亲如有不义之举，儿子可以批评；儿子如有不肖之举，父亲必须教育。我们对于亲爱的人不能过分亲爱，亲爱要符合一定的度。

第二，对于“人之其所贱恶而辟焉”，朱熹举的例子是：“人固自有一种可厌者，然犹未至于可贱恶处，或尚可教，若一向僻将去，便贱恶他，也不得。”（《朱子语类》卷十六）这个解释不太好理解。什么样的人是让我们讨厌的？我们讨厌他，为什么又不能过分？这需要我们调动自身的人生阅历，想象一下哪些人甚至具体到哪个人是让自己讨厌的，我们是不是不该过分讨厌他。

第三，对于“人之其所畏敬而辟焉”，朱熹举的例子是：“如事君固是畏敬，然‘说大人则藐之’，又不甚畏敬。孟子此语虽稍粗，然古人正救其恶，与‘陈善闭邪’‘责难于君’，也只管畏敬不得。”（《朱子语类》卷十六）人们对于自己敬畏的人不能过分敬畏，不过分敬畏就是该敬畏的就敬畏，不该敬畏的就不敬畏。《孟子》14·34 说：“说大人则藐之，勿视其巍巍然。”你见到那些大人，要在战略上藐视他们，不要被他们的气势所吓倒。人们过分敬畏那些大人，不仅不对，更无必要。该敬畏的就敬畏，不该敬畏的就不敬畏，朱熹认为孟子这样做是有道理的。

第四，对于“人之其所哀矜而辟焉”，朱熹举的例子是：“哀矜，谓如有一般大奸大恶，方欲治之，被它哀鸣恳告，却便恕之。”“这便是哀矜之不得其正处。”（《朱子语类》卷十六）一个十恶不赦的人东窗事发，苦苦哀求你放他一马，而你于心不忍，就手下留情，放了他一马。朱熹说：对于这类大奸大恶之人，你绝对不能姑息养奸，必须痛打落水狗、斩草除根。

第五，对于“人之其所敖惰而辟焉”，朱子举了两个例子，一是孔子不见孺悲，一是孟子不与王驩言（《朱子语类》卷十六）。《论语》17·20说：“孺悲欲见孔子，孔子辞以疾。将命者出户，取瑟而歌，使之闻之。”孺悲想拜见孔子，孔子借口说自己生病了。传话的人一出门，孔子就拿来琴瑟弹唱起来。手下人问道：您刚才说病了，不让别人见，现在为什么鼓瑟而歌呢？孔子说：我要让孺悲知道我根本没有生病，只是轻视他而已。所以孔子对于自己看不起的孺悲就是要看不起。《孟子》4·6说：“孟子为卿于齐，出吊于滕，王使盖大夫王驩为辅行。王驩朝暮见，反齐、滕之路，未尝与之言行事也。”孟子到滕国参加葬礼，然后从滕国回到齐国。孟子是正代表，王驩是副代表，但在往返齐、滕的路上，孟子没有与王驩说过一句话，因为孟子讨厌王驩那种敖惰。这个例子同样是说该看不起的一定要看不起。

朱熹举的这些例子试图表达：该亲爱的人我们要亲爱，但不要过分亲爱；该讨厌的人我们要讨厌，但不要过分讨厌；该敬畏的人我们要敬畏，但不要过分敬畏；该同情的人我们要同情，但不要过分同情；该轻视的人我们要轻视，但不要过分轻视。朱熹还说，“亲者则亲爱之”，亲爱的对象是亲者；“贤者则畏敬之”，敬畏的对象是贤者；“不率者则贱恶之”，讨厌的对象是不率者；“无告者则哀矜之”，同情的对象是无告者。有一种人既不是亲者，也不是贤者，既不是不率者，也不是无告者，这就是敖惰者（《朱子语类》卷十六）。骄横、傲慢这种人事态度在生活当中十分普遍。很多人稍有成绩就会骄傲起来，觉得自己不再是自己，这就是敖惰的表现。敖惰的范围最广，这要特别注意。

由此看出，辟就是不正。我们如何正起来？就是不要过分，要讲究中庸之道，因为过犹不及，过、不及都是不行的。《大学章句》说：“人，谓众人。之，犹于也。辟，犹偏也。五者，在人本有当然之则；然常人之情，惟其所向而不加审焉，则必陷于一偏而身不修矣。”这里的“人”是指我们所有人，“之”是面向自身，“辟”是偏僻之意。在朱熹看来，亲爱、贱恶、畏敬、哀矜、敖惰这五样东西在每个人这里都是“当然之则”、人之常情。每个人面对亲爱、贱恶、畏敬、哀矜、敖惰者难免都有过分的表现，而这正是人之常情。传七章讲到四种不好的心理表现，它们也是人之常情。虽然是人之常情，但我们要改正它们，不能让它们陷于一偏。要是陷于一偏，修身就不可能得以实现。如何做到不过分呢？原则就是中庸之道，它在《论语》那里的解释是“过犹不及”。

据《论语》11·16记载，子贡问道：“子张与子夏哪个好一点？”孔子回答说：“子张太过分，子夏太不够。”子贡说：“那就是子张比子夏好一点？”孔子说：“过犹不及。子张太过，子夏不够，太过与不够都不好。”子张是颛孙师，所谓“子张太过分”的原文是“师也过”。《论语》11·18说：“柴也愚，参也鲁，师也辟，由也喭。”高柴愚笨，曾参迟钝，子张偏激，仲由鲁莽。“师也辟”的“辟”，就是《大学》传八章讲的“辟”。这里为什么要拿子张太过分、太偏激说事？在四书学看来，《大学》是曾子写的，曾子甚至有可能参与过《论语》的写作。子张这种太过分、太偏激的形象，对曾子写《大学》产生过什么影响呢？

影响一定是有的，只是证据比较间接。《论语》19・16是曾子说的一句话：“堂堂乎张也，难与并为仁矣。”这句话的意思是说：派头十足的子张啊，很难同他一起做到仁。《孟子》5・4说：孔子死后，学生们守三年之丧。三年之丧毕，人们打道回府，只有子贡继续留在那里，第二次守三年之丧。过了一段时间，子夏、子张、子游认为有若长得像孔子，想用事奉孔子的礼节来事奉有若。言外之意是：孔子已经死了，我们必须有新的掌门人。既然有若长得像孔子，我们就让有若来当掌门人。子夏、子张、子游把这个想法告诉了曾子，强迫曾子同意，但曾子不同意。通过这些间接证据，可知曾子批评过或者不赞成子张太过分、太偏激的做法。《大学》传八章之所以对这五个“辟”不赞成，是与子张夸张的形象在曾子脑海里不时地闪现有一定关系的。

这里的重点是过犹不及，不能过为已甚。《孟子》8・10说：“仲尼不为已甚者。”孔子从来不做过分的事情。“过犹不及”“不为已甚”是说我们做人做事既不要过分，又不要跟不上火候，而是要拿捏好分寸、把握好尺度，做到刚刚好、恰恰好。这是先秦儒家一以贯之的观点，特别是贯穿于《中庸》的重要观点。朱熹的《中庸章句》说：“中者，不偏不倚、无过不及之名。”中庸之道旨在将做人做事做到最佳状态。我们守住初心，在五种不好的人事态度上进行自我革命，哲学方法就是无过无不及、不偏不倚的中庸之道。具体做法因人而异、因事而异、因时而异，但基本方法是中庸之道。

人们对于中庸之道有过很多误解。究其实，中庸之道绝不是那些乡愿、好好先生们的八面玲珑、四方讨好，而是无过无不及，同时带有锋芒。鲁迅的《论“费厄泼赖”应该缓行》讲到哈巴狗：“但是，狗和猫不是仇敌么？它却虽然是狗，又很像猫，折中，公允，调和，平正之状可掬，悠悠然摆出别个无不偏激，惟独自己得了‘中庸之道’似的脸来。”哈巴狗一样的嘴脸，不是我们说的中庸之道。在过与不及之间有一个很好的度的把握，这个度的把握又必须用满身的道德力量来执行，这才是中庸之道的本质。鲁迅先生这样评价哈巴狗，对于我们拒绝做乡愿、立志践行真正意义上的中庸之道很有启发。

《大学》传八章讲的这五个“辟”，我们是要反对并改正的。但是，人性当中有些癖好、瑕疵，又该如何看呢？张岱说过：“人无癖，不可与交，以其无深情也；人无疵，不可与交，以其无真气也。”（《张岱文集》卷四《五异人传》）一个人要是没有那么一点点癖好、瑕疵，那他就不值得交往，因为这类人没有深情、没有真气。我们看《大学》的五个“辟”，要有意识地把道德上的过分行为与个性上的癖好、瑕疵区分开来，这两者是不可相提并论的。有癖好的人有深情，有瑕疵的人有真气。我们要让个人癖好得到自由发展的空间，对于他人的瑕疵不必求全责备。

四、原因：“好而知其恶，恶而知其美”解读

人们遇到亲爱、贱恶、畏敬、哀矜、敖惰者，为什么有过分的表现？我们刚才用中庸之道做了分析。《大学》如何解释的呢？传八章说：“故好而知其恶，恶而知其美者，天下鲜矣！”如果过分喜欢一个人，你就不会知道他的缺点；如果过分讨厌一个人，你就不会知道他的优点。这是人

之常情。因此，在《大学》看来，喜欢一个人而又知道他的缺点，讨厌一个人而又知道他的优点，天底下很少有人能够做到这样。过分喜欢就会爱屋及乌，过分讨厌同样会殃及池鱼，而这都是以偏概全。只有喜欢一个人而又知道他的缺点，讨厌一个人而又知道他的优点，才会拥有辩证的观点，才能在具体的人、事、物当中辩证地看待问题、处理问题。只是，能够这样做的人实在太少。《大学》认为五种不好的人事态度之所以频繁发生，原因就在这里。

所谓“好而知其恶，恶而知其美”，其实就是《礼记·曲礼上》讲的“爱而知其恶，憎而知其善”。喜欢一个人但同时要知道他的短处，憎恨一个人但同时要知道他的长处，这是《礼记》的劝谕。我们要多注意这个“曲”字。《曲礼上》是《礼记》的第一篇，《礼记》为什么把《曲礼上》当作第一篇？就是因为“曲”这个字很重要。“曲”的意思是琐碎、细小，很多大道理就是在一些弯弯曲曲的事情当中体现出来的。一个人是不是真正有礼貌，往往体现在那些琐碎、细小的事情当中。琐碎、细小的东西是平常的东西，曲礼是我们在实际生活当中要坚持的那些具体而微的礼节。《礼记·中庸》讲的致曲之道，就与曲礼密切相关。

我们读《朱子语类》卷十六，看到有学生问道：“您解释《大学》的‘修身齐家’章，为什么从未谈过‘修身’二字呢？”朱熹的回答是：“好而不知其恶，恶而不知其美，是以好为恶，以曲为直，可谓之修身乎？”喜欢一个人而不知道他的缺点，讨厌一个人而不知道他的优点，就是以好为恶、以曲为直，这样做能够叫作修身吗？反过来说，我批评并反思“好而不知其恶，恶而不知其美”，这就是在讲修身。“好而知其恶，恶而知其美”的辩证关系必须好好体会。

五、后果："人莫知其子之恶，莫知其苗之硕"解读

《大学》传八章讲到这里，意外地引用了一句谚语。"故谚有之曰"的"谚"是指谚语。谚语是老百姓的街谈巷议、民间语文，往往包含了深刻的人生哲理，一下子就能击中心扉，让人产生共鸣。比如："咳嗽与贫穷是无法隐瞒的。""只有生病的蚌，才能结出珍珠。""疾病是上天另一种形式的爱，它提醒我们从错误中醒来。""生命必须要有裂缝，阳光才能照射进来。"这些谚语有极强的哲理性，一两句话就把问题说得清清楚楚。

在某种意义上，圣人之言就是久经考验、放之四海而皆准的谚语。《孟子》14·32讲过一段很有名的话："言近而指远者，善言也"，言辞浅近而又含义深远就是好观点；"守约而施博者，善道也"，操作简单而又效果巨大就是好方法。"君子之言也，不下带而道存焉"，君子的言语，内容很平常，但道理就在其中。"不下带而道存"的"带"是指腰带。古人不会去看别人腰带以下的东西，只看腰带以上的东西。君子只讲腰带以上的事情，讲的内容平平常常，但道理很深邃。"君子之守，修其身而天下平"，君子的操守就是修养好自己，从而使得天下太平。孟子接着说的"人病舍其田而芸人之田"与《大学》引的谚语有可能存在内在关联，需要多加注意。它的意思是说：放着自家的一亩三分地不管，老是想到别人的地里锄草；总觉得自己的底气不足，而觉得别人很厉害。结果就是"所求于人者重，而所以自任者轻"，你对别人的要求很高，而给自己的担子很轻。

《大学》传八章引用的谚语是"人莫知其子之恶，莫知其苗之硕"。

人们对于亲爱、贱恶、畏敬、哀矜、敖惰都有所过分，原因在于“好而不知其恶，恶而不知其美”，后果则是“人莫知其子之恶，莫知其苗之硕”。我们把“人莫知其子之恶”译作人们不知道自家孩子的缺点，这是好理解的。但是，如果把“莫知其苗之硕”只是译作人们不知道自家禾苗的茁壮，这好理解吗？显然不太好理解。古代社会，要吃饭就得种地，种地就得照管好那一亩三分地，怎么会不知道自家的禾苗长得好不好呢？所以这句话有点费解。我们检阅相关文献，尚未发现有人把“莫知其苗之硕”的翻译与理解当作值得反思的问题看待，因此试图提供一个有意思、接地气的解释。

《大学章句》对这句谚语的注解说：“溺爱者不明，贪得者无厌，是则偏之为害，而家之所以不齐也。”在朱熹看来，“莫知其子之恶”是讲溺爱者不明，“莫知其苗之硕”是讲贪得者无厌，它们都是偏即不正造成的危害，致使齐家难以做到。从“家之所以不齐”看，如果“莫知其苗之硕”仅仅是讲不知道自家禾苗的茁壮，又与齐家有何密切关系？至少一般人很难得到满意的理解。在我们看来，因为两个“其”字都指自己，所以这句谚语应当是谈家庭问题，而且是谈亲爱问题，就是“人之其所亲爱而辟焉”的问题。人们“莫知其子之恶”，因而对自家的孩子过分亲爱。人们“莫知其苗之硕”，在“亲爱”的范畴中如何体现？当今有句众所周知的谚语这样说：“孩子是自家的亲，老婆是别人的好。”“孩子是自家的亲”，无疑对应于“莫知其子之恶”；“老婆是别人的好”，是否对应于“莫知其苗之硕”呢？我们的初步想法是把“莫知其苗之硕”与“老婆是别人的好”这两句一古一今的谚语挂起钩来，因为男女问题历来是中国哲学关注的大问题。

《周易》六十四卦的两大卦是乾卦、坤卦。《周易·系辞上》说:“乾道成男,坤道成女。”乾卦与男性相关,坤卦与女性相关。《周易·序卦》说:“有天地然后有万物,有万物然后有男女,有男女然后有夫妇,有夫妇然后有父子,有父子然后有君臣,有君臣然后有上下,有上下然后礼义有所错。”天地、万物之后就到了男女,男女在天道自然的秩序当中居于极其关键的位置。男女是人类的开始,由此才有了夫妇、父子、君臣、上下、礼义。

即便男女问题是中国哲学当中的大问题,但为什么独独把“莫知其苗之硕”解释到女性身上呢?小程解释《周易·家人卦》曾说:“女正者家正也,女正则男正可知矣。”(《周易程氏传》卷三《家人》)女方正了,家就正了;女方正了,就知道男方也正了。由此可见坤道在《家人卦》中相当重要。受此启发,我们觉得《大学》讲的“莫知其苗之硕”,不应当是讲田里的禾苗,而是讲家里的女性。汉语把子孙后代称作苗裔,而苗裔是与女性密切相关的。

人们常说女人半边天。在著名女作家冰心的《关于女人·后记》看来,女人不仅是半边天,而且与男人相比,真占了五分,善占了六分,美占了七分。这是对女性在天道自然秩序当中的高度肯定,但这一高度肯定还不足以让“莫知其苗之硕”与“老婆是别人的好”直接挂钩。事实上,把“莫知其苗之硕”解释为不知道老婆是自家的好,这方面的文献依据至今仍然是不充分的,我们的目的只是为这句话增加一种有意思、接地气的解释。

所谓有意思、接地气,是说在男权、父权时代,家里有两类人最重要,一类是妻子,一类是儿女。所以《大学》讲的“人莫知其子之恶,莫知其苗之硕”，前一句是讲人们不知道如何正确对待自己的儿女，后一句是讲人们不知道如何正确对待自己的妻子。很少有人知道自家孩子的缺点，很少有人知道自家老婆的优点，这与亲爱、贱恶、畏敬、哀矜、敖惰一样都是人之常情。再进一步理解，“人莫知其子之恶，莫知其苗之硕”旨在批评“孩子是自家的亲，老婆是别人的好”这一观点，而要建立的观点是：自家的孩子是有缺点的，必须好好教育之；自家的老婆是最好的，必须好好疼爱之。

六、警示：“此谓身不修，不可以齐其家”解读

《大学》传八章首先设问，接着描写病症、分析原因、揭示后果，最后说道：“此谓身不修，不可以齐其家。”这既是结论，更是警示。修身问题是中国古代哲学中的大问题。这里以《论语》《大学》《中庸》《孟子》为例，看一看古代思想家如何具体解读修身问题。

《论语》中没有出现“修身”二字，但这方面的内容很丰富。曾子说“吾日三省吾身”（《论语》1·4），曾子每天都要多次反省自身。在此，省身就是修身。孔子为什么要修身呢？一是“修己以敬”，修养自己是为了严肃认真地对待工作；二是“修己以安人”，修养自己是为了让治国理政者得到安乐；三是“修己以安百姓”，修养自己是为了让老百姓得到安乐。（《论语》14·42）在此，修己就是修身。孔子讲的“修己以敬”“修己以安人”“修己以安百姓”，是与《大学》修身、齐家、治国、平天下的基本精神相一致的。

《大学》讲修身，集中于经一章以及传之七章、八章。经一章说：

“自天子以至于庶人，壹是皆以修身为本。”中国古代讲修身最为经典的名言，莫过于此。从天子到老百姓都要把修身当作最根本的事情来做，传之七章、八章又以修身作为主题，这表明修身在《大学》思想体系中具有举足轻重的地位。

《中庸》讲修身，均见于第二十章，伦理政治色彩鲜明。《中庸》说：“齐明盛服，非礼不动，所以修身也。”内心虔敬，仪表整洁，不符合礼的事情不做，这就是修身。《中庸》说：“故为政在人，取人以身，修身以道，修道以仁。”拿什么修身呢？要拿道来修身。只有修身了，才能把道挺立起来。《中庸》说“凡为天下国家有九经”，“九经”是九条治国理政的基本准则，第一条就是修身，修身之后才能尊贤、亲亲、敬大臣、体群臣、子庶民、来百工、柔远人、怀诸侯。《中庸》说：“故君子不可以不修身。思修身，不可以不事亲；思事亲，不可以不知人；思知人，不可以不知天。”君子不能不勤勉修身，由此才会孝顺父母、知人论世、敬畏上天。

《孟子》同样有很多关于修身的论述。《孟子》7·5说：“人有恒言，皆曰：‘天下国家。’天下之本在国，国之本在家，家之本在身。”这里的“人有恒言”相当于《大学》传八章讲的“故谚有之曰”。老百姓把“天下国家”当作口头禅，是因为天下的根本在于国，国的根本在于家，家的根本在于自身。如何让自身得以修养？《孟子》7·12说：“诚身有道：不明乎善，不诚其身矣。”修养自身是有方法的，就是一定要知道什么叫作善，否则不可能让自身得到真正的修养。这里的“明乎善”相当于《大学》经一章讲的“止于至善”。《孟子》7·4说：“行有不得者皆反求诸己，其身正而天下归之。”唯有立身正派，天下才会归附于你。

《大学》传八章的结语“此谓身不修，不可以齐其家”，还敦促人们注意身与家的关系。《周易·坤卦》说：“积善之家，必有余庆；积不善之家，必有余殃。”修善积德的家庭必然有更多的吉庆，作恶坏德的家庭必然有更多的祸殃。讲到身家关系，除了多做好事、不做坏事，还有一个重要方法就是在自己的岗位上好好干。我们提倡坚持道义，而且每个人都要坚持道义，如何才能实实在在地坚持道义呢？在当下的岗位上好好做事，方能真正地坚持道义。坚持道义不是空谈，而是应当落实在具体的岗位上。你在自己的岗位上恪守规则、抑恶扬善，这就是坚持道义。所以孔子曾说“守道不如守官”（《左传·昭公二十年》），坚持道义不如做好本职工作，不如在其位谋其政。“守道不如守官”是对身家关系的最好说明。很多领导干部管不好家人、秘书，就与不明白“守道不如守官”的深切含义有关。

《大学》传九章是“齐家治国”章，其中有两句话是对身家关系的精辟说明。一句是：“其家不可教而能教人者，无之。”连自己的家人都教育不好，哪能教好别人呢？“一室不扫，何以扫天下乎？”连自己的家都治不好，又有何德何能治理天下？另一句是：“一家仁，一国兴仁；一家让，一国兴让。”家和万事兴，家和更会天下兴。我们要从身家关系的角度，不断地体会为齐家而修身的必要性与重要性。

七、为何需要“偏正结构”与“四五结构”？

解读传八章就得对照传七章，这是我们一以贯之的做法。《大学》格、致、诚、正、修、齐、治、平的“八条目”，是万里长征的八站路。第四站对应于传七章，主要讲修身为什么要正心，它是拿缺点开刀，说人们有四种不好的心理表现；第五站对应于传八章，主要讲齐家为什么要修身，它同样是拿缺点开刀，说人们有五种不好的人事态度。

深入理解《大学》传之七章、八章，一方面要提炼两个“偏正结构”。四种不好的心理表现是不正即偏，五种不好的人事态度是偏即不正，这是两个“偏正结构”，我们应该做道德意义上的“修正主义者”。另一方面要敞开多个“四五结构”。为修身而正心的传七章是第四站，为齐家而修身的传八章是第五站，可谓“四舍五入”。四种不好的心理表现、五种不好的人事态度加在一起，可以称作“四分五裂”。孟子讲“四德五伦”，儒家经典是“四书五经”，修身目标是“四通五达”，这些都是“四五结构”。形象地说，四面楚歌之时，我们有可能心不在焉；五胡乱华之时，我们有可能身不由己。心上之人、人上之事如何才能四通五达？这就需要我们努力学习“四书五经”，使得“四德”归于一心、“五伦”归于一体，“四德归心，五伦归一”是现代社会条件下对中华优秀传统文化进行创造性转化、创造性发展的具体表现。

为何要提炼两个“偏正结构”、敞开多个“四五结构”？这是因为《大学》有经一章、传十章，但其思想含量的分布极不均匀。经一章以及传之五章（亦即朱熹补写的“格物致知”章）、六章（亦即“诚意”章）最有哲学内涵，而传之九章、十章最有实践内涵。相比之下，传之七章只有72个字，传之八章只有96个字，其哲学内涵比不上前面的经一章、传之五章、传之六章，其实践内涵比不上后面的传之九章、十章。正因如此，学术界至今几乎无人写过关于这两章的单篇论文。我们提炼两个“偏正结构”、敞开多个“四五结构”，目的就是强化其思想内涵、提升其实践内涵。

要让这两章的思想内涵与实践内涵有机统一起来，必须紧扣正心、修身两大主题。正心是从心上讲，修身是从事上讲，要抓住心、事这两个概念。不抓住自己的心，不抓住具体的事，就嵌入不了正心、修身的境界。将心比心、就事论事，心诚则灵、事在人为，心心相印、事事如意，身心如一、心想事成，世上无难事、只怕有心人……这些成语、格言无不表明心、事在人生实践当中是实实在在、不可或缺的。养心要“道性善”（《孟子》5·1），做事要“执事敬”（《论语》13·19）。心、事是理解《大学》“正心修身”“修身齐家”这两章最重要的概念。

正如朱熹所说，传六章“诚意”是善恶关、人鬼关，传七章“正心修身”、传八章“修身齐家”是得失关、圣凡关。（《朱子语类》卷十五、十六）诚意是第三站。过得了那一站，你就是人；过不了那一站，你就是鬼。正心是第四站，修身是第五站。到了这两站，已经不存在敌我矛盾，只存在人民内部矛盾。我们面临的问题不是根本的善恶，而是每个人都会遇到的人之常情。无论是四种不好的心理表现还是五种不好的人事态度，都不是大恶，而只是人在实际生活当中有可能、并且经常犯下的过失。面对这两个“偏正结构”，我们的任务是做“修正主义者”，把不好的东西改过来。

过了第四、第五站，后面还有三站——齐家、治国、平天下。相对而言，绝大多数人不会实际参与治国、平天下的政治大任，但每个人都得投身于正心、修身的道德事业。朱熹说《大学》这八个站，从第一站到第五站是由浅及深，从第六站到第八站是由内到外。（《朱子语类》卷十五）格物、致知、诚意、正心属于内圣，齐家、治国、平天下属于外王，而修身这一站的重要性是不言而喻的。修身既是对内圣的总结与夯实，又是对外王的开启与奠基；修身既是承前启后的，又是继往开来的。修身是每个人自己的事，所以又叫自修；修身是人们一生的事，既没有开头，也没有结束，而是永远的。

修身是《大学》最高层级的关键词，“正心修身”章、“修身齐家”章都有这个关键词。尽管这两章固有的表述似乎撑不起“正心”“修身”的大帽子，进而未必能够充分地释放儒家修身学的思想性、实践性，但修身强大的思想力量与实践力量，无论是从中国思想史还是从中国传统文化看，都是不容置疑的。修身之所以重要，是因为我们的心、事太复杂。人们常说：“人心弯弯曲曲水，世事重重叠叠山。”“画虎画皮难画骨，知人知面不知心。”“做事难，难做事，事难做。”这类情形是我们无法回避、必须面对的。一旦面对，该怎么办？1934 年 5 月 30 日，鲁迅先生写的一首诗说道：“心事浩茫连广宇，于无声处听惊雷。”归根结底，做好当下的每件事，心安就是家，这就是《大学》教给我们做好普通人的絜矩之道、大学之道。

齐家治国

孔德立

上一讲杨海文教授讲了“修身齐家”部分，今天我们来讲“齐家治国”部分。这部分对应的《大学》文本是第十章，即传的第九章。

阅读这本书的读者，我们可以用“诸位”这个词来称呼，也可以用“大家”来称呼。“大家”这个词在今天的语境中，泛指“众人”。既然“大家”指“众人”，自然突破了“小家”的范围，即从带有血缘亲情的“家”走向了公共场域的“家”。

《大学》讲的“齐家”，不只是整齐带有血缘关系的“家”，还包括整齐百姓，即众多姓氏组成的“家”，这个百姓之“家”在周代称为“国”。所谓“齐家治国”，就是从治理小家到治理大家。值得注意的是，周代的小家虽然相比国而言是“小”，但是比今天我们说的“家”大得多。

我们今天讲的《大学》里的“齐家治国”，仔细阅读的话，实际上工夫都在“齐家”上。推论上去，“齐家”的工夫在于“修身”，“修身”的工夫在于“正心”，“正心”的工夫在于“诚意”，“诚意”的工夫在于“致知”，“致知”的工夫在于“格物”。我们读《大学》，一定要注意作者所说的这个秩序，即“八条目”的先后秩序。朱熹的《大学章句》曰：“于今可见古人为学次第者，独赖此篇之存。”明末清初思想家王船山说：“《大学》一部，恰紧在次序上，不许人作无翼而飞见解。”（《读四书大全说》卷一）也就是说，读《大学》不能不知晓其为学之次第，离开这个“次第”也就不是读《大学》了。

第一章的经文中说：“家齐而后国治，国治而后天下平。”朱注：“修身以上，明明德之事也。齐家以下，新民之事也。”朱熹《大学章句序》中“穷理、正心、修己、治人之道”的穷理、正心、修己是明明德之事；治人是新民之事。家正是从明明德到新民，从修己到治人的中间环节。孟子说：“天下之本在国，国之本在家，家之本在身。”（《孟子·离娄上》）

《大学》全文1751字，其中第十章271字，占全篇的15.4%，原文如下：

所谓治国必先齐其家者，其家不可教而能教人者，无之。故君子不出家而成教于国：孝者，所以事君也；弟者，所以事长也；慈者，所以使众也。《康诰》曰：“如保赤子。”心诚求之，虽不中不远矣。未有学养子而后嫁者也！一家仁，一国兴仁；一家让，一国兴让；一人贪戾，一国作乱；其机如此。此谓一言偾事，一人定国。尧舜帅天下以仁，而民从之；桀纣帅天下以暴，

而民从之；其所令反其所好，而民不从。是故君子有诸己而后求诸人，无诸己而后非诸人。所藏乎身不恕，而能喻诸人者，未之有也。故治国在齐其家。《诗》云："桃之夭夭，其叶蓁蓁。之子于归，宜其家人。"宜其家人，而后可以教国人。《诗》云："宜兄宜弟。"宜兄宜弟，而后可以教国人。《诗》云："其仪不忒，正是四国。"其为父子兄弟足法，而后民法之也。此谓治国在齐其家。

一、家国同构

所谓治国必先齐其家者，其家不可教而能教人者，无之。故君子不出家而成教于国：孝者，所以事君也；弟者，所以事长也；慈者，所以使众也。

这段话的意思是，想要治国必先整齐好家，家人都教不好，却能教化别人，这样的人是没有的。所以君子齐好家，就是引领国人的表率：做到孝、悌、慈，也就可以做到事君、事长与使众。

这段话的字面意思不难理解，其齐家治国的逻辑关系也明确点了出来。但是，要想深入理解《大学》的作者为什么要把治国的根基放到齐家之上，我们就要把视野拉回到西周至春秋时代，先来了解当时的社会结构，了解"家"与"国"的特点，才能搞清楚为什么中国会形成"家国同构"的观念。

我们所接受的历史教育中，关于中国古代社会的分期，是这样说的：周代是奴隶制社会，春秋时期是奴隶制的瓦解时期，战国时期是封建社会的形成时期。秦朝是中国第一个统一的封建王朝。其实，翻开《史记·秦始皇本纪》就会发现，秦统一中国后，针对丞相王绾在新的占领地区分封诸皇子的建议，廷尉李斯反驳说，周代诸侯更相诛伐，周天子也管不了，所以，要使天下安宁，就不能再置诸侯了。最终秦始皇采纳了李斯的建议，在全国推行郡县制，废封建。也就是说，秦是封建制度的终结者，而不是开创者。那么，秦之前的当然就是封建制度了。《左传·桓公二年》："天子建国，诸侯立家，卿置侧室，大夫有贰宗，士有隶子弟，庶人工商各有分亲。"《左传·僖公二十四年》："封建亲戚，以蕃屏周。"《左传》的记载，正说明周代采用的是封建制度。周代立国之初就建立了自上而下的分封制度，分封的对象主要是同姓贵族，其次是功臣。在分封的 71 个国家中，姬姓，即与天子同姓的诸侯国有 53 个。周天子主要按照贵族的亲疏远近及军功大小封授他们不同等级的诸侯，并规定所属的人口。周天子封诸侯、建国家，这就是封建。

著名历史学家、先秦史专家、北京师范大学历史学院教授晁福林先生多年来关注封建等重大史学理论问题的研究，他认为，要区分社会制度的封建与政治上的封建。作为政治制度的封建，即封诸侯建国家的"封建"，毫无疑问，周代是最典型的。封建所依据的原则就是以血缘为纽带的宗法制度。

所谓宗法制度，就是区别"大宗"与"小宗"，区别嫡庶、亲疏、远近。孔孟之乡直到现在都讲"五服"，一家子之中有亲疏远近，有的没出"五服"，有的出"五服"。这里说的"五服"就是宗法时代的五种丧服。

观丧礼时，观礼者只要看丧服的不同，就可以判断他们之间的亲疏远近。

周代时期，周武王姬发与鲁国始封之君周公同为周文王姬昌的儿子，但兄弟两人一个是天子，一个是诸侯。虽然天子与诸侯同宗，但天子是“大宗”，诸侯是“小宗”。同样道理，按照“大宗”与“小宗”的关系，诸侯在其国之内，以此为原则确立封建的政治关系。国君的嫡长子作为国之大宗，担任国君；其他的儿子封为大夫，获得封邑。比如，大家较为熟悉的鲁国三桓之后季孙氏、叔孙氏、孟孙氏，就是鲁国的大夫。后来瓜分晋国的韩、赵、魏三国，先前就是晋国的三家大夫。还有鲁国坐怀不乱的展禽，就是柳下惠，也是鲁国有名的贤大夫。以此类推，大夫在其封邑内，也要区别亲疏远近。大夫的嫡长子作为大宗，继任大夫之位；其他儿子作为小宗，就是士人。士是最底层的贵族，再往下就是庶民，即普通百姓。

天子管理天下，是天下的共主，也是诸侯的家长；诸侯管理一国，是大夫的一家之主；大夫又是自己封邑的一家之主。这样，宗法制度就像一颗大树，从树干逐渐发出许多大的树枝，大的树枝再发出树杈。大树的繁茂在于其根深，这个根就是基于血缘亲情的宗法制度。但是，我们知道，一家人也有吵架的，亲戚也有反目的，因此，一个家的稳定就取决于两个方面：一个是家长的权威，一个是维护家庭稳定的手段。西周时代，姬姓周天下的家长就是周天子，维护宗法制与封建制的手段就是礼乐制度。周天子的权威与礼乐制度又是紧密相连的。不遵守礼乐制度，周天子也就没有权威；没有权威，天下就会乱。所以，孔子说，“天下有道，则礼乐征伐自天子出”（《论语・季氏》）。如果不按礼乐制度办事，比如，诸侯不交贡赋，不守祭祀，不能保疆土、护百姓，或者以大欺小，以强凌弱，欺负小兄弟，就要受到天子的惩罚。

在周代，特别是在封建制度完善的时候，四层贵族自上而下是天子、诸侯、大夫、士，按照礼乐制度的规定，他们各自承担责任。《大学》讲的修身、齐家、治国、平天下，如果对应四个贵族阶层的责任，分别是：士修身、大夫齐家、诸侯治国、天子平天下。士作为底层的贵族，要精通礼仪及军事等修身必备的技能。大夫的职责是齐家，诸侯的职责是治国，天子的职责是平治天下。每个层级的贵族做好自己的事情，整个社会秩序就不会出问题。维系周代宗法分封制社会运转的工具是礼乐制度。各个层级的贵族按照规定好的礼乐制度做事，也就具备了担当与责任。修身、齐家、治国、平天下的职责与对应的贵族层级也不会变。贵族阶层按照宗法制度世袭传承，即官二代、官三代、官四代……，这样传下去。

从这个政治结构中我们可以发现，“家”有两层含义：首先是特定的“家”，与贵族职责相对应的“家”，这就是大夫的家族；其次是相对的“家”。诸侯之国相对于天子之天下是“小家”与“大家”的关系，大夫之家相对于诸侯之国又是“小家”与“大家”的关系，士人之身相对于大夫之家亦是“小家”与“大家”的关系。在封建关系稳固时期，诸侯与大夫之间既是上下级的政治关系，又是宗法制度下的家庭关系。大宗与小宗之间是家庭关系，君臣之间是政治关系。所以，家庭关系的“孝”与政治关系的“忠”具有一致性。诸侯的国，是从政治意义上讲的。从伦理意义上，诸侯的国对于大夫的家（封邑）来说，就是“大家”；大夫的家对于士来说，也是“大家”。因此，从这个意义来说，周代的大夫之家、诸侯之国与王之天下，分别是“小家”与“大家”的关系。

周代无论从天下还是国来说，都是一个家，只是有大有小，此即所谓

“家是最小国，国是千万家”。这就是中国文化的“家国一体”结构，我们一般称之为“家国同构”。“家”与“国”之所以能够同构，其基础就是血缘维系的宗法制度。

但是到了春秋时期，西周时期“礼乐征伐自天子出”的局面逐渐转为诸侯争霸，于是出现了“礼乐征伐自诸侯出”。这也是周天下大乱的开始。我们刚才说，维系封建稳定的是周天子的权威与礼乐制度。从周天子的王政转为诸侯的霸政，就意味着王权的衰落。

王的权威为什么会衰落？从《大学》篇我们或许可以发现线索：“古之欲明明德于天下者，先治其国；欲治其国者，先齐其家；欲齐其家者，先修其身。”天子作为天下共主，承担着管好整个姬姓大家庭的责任，所以天子要先修身，“自天子以至于庶人，壹是皆以修身为本”。不修身的危害就是不能做到下面的齐家、治国，也就不能明德了。既然天子该做的事没有做，该担的责任没有担，那么，其权威的衰落也就在所难免了。大家熟悉的周天子失德的故事，比如周幽王烽火戏诸侯，周厉王专利，就是有名的例子。

《孟子》书中记载，天子要定期到各地巡狩，诸侯要定期到天子那里去述职。如果天子不巡狩，诸侯也就不去述职了。上行下效，王的权威下降首先是因为王自身的问题，其次才是诸侯争霸的挑战。这是理解中国古代社会变迁的一把钥匙。这把钥匙与阶层斗争观点的最大不同在于，一个是自上而下的自我放弃，一个是自下而上的革命。随着周代历史的发展，特别是到了春秋时期，就看得更清楚了，是自上而下的贵族的自我放弃，而不是自下而上的造反与革命造成了王权的衰落，最起码造反与革命不是起初的因素与动力。

春秋时期是中国社会从封建制向郡县制转变的时期，也是世袭贵族体制的瓦解与平民军功体制的建立时期。春秋之前，体制与官职是不开放、不流动的，一个家族世袭某一个职位，除非出现意外，一般是如此。春秋之后，到了战国时期，贵族体制瓦解，担任某一职位的官员就变成流动性的了，不再由一个家族把持。

现在，我们再来看《大学》的论述就更清楚了。“所谓治国必先齐其家者，其家不可教而能教人者，无之。”诸侯要想治好国，就要先从伦理上处理好家庭关系。这个家庭关系实际上就是家族的关系，因为从家庭伦理关系上来说，诸侯的国与大夫的家实际上都是一家。贵族时代的家国同构是实体的同构，郡县制时代的家国同构就不再是实体的同构，而是理念的同构。

故君子不出家而成教于国：孝者，所以事君也；弟者，所以事长也；慈者，所以使众也。

朱熹《大学章句》注：“身修，则家可教矣；孝、弟、慈，所以修身而教于家者也；然而国之所以事君事长使众之道不外乎此。此所以家齐于上，而教成于下也。”

“君子不出家而成教于国”，“教”字有“治”的意思。因为君主对于国来说，又处于大家长的地位，治国除了治理百姓，很重要的内容是先教化家族内部成员。这也给周代政权赋予了厚重的“政教合一”特色。《尚书·尧典》说：“克明俊德，以亲九族。九族既睦，平章百姓。百姓昭明，协和万邦。”“亲九族”就是齐家，“平章百姓”就是治国。

此处的“君子”指的是国君。《说文》：“君，尊也，从尹口。”段玉裁注曰：“尹，治也。”处于尊贵地位、发号施令、治理社会的人，就是君。“子”是对贵族及有文化教养的人的尊称。君子是既有一定地位，又有教养的人。

“君子不出家而成教于国”，意思是说，只要家里的事情处理好了，就是在治国。《论语·为政》篇记载：“或谓孔子曰：‘子奚不为政？’子曰：‘《书》云：“孝乎惟孝，友于兄弟，施于有政。”是亦为政，奚其为为政？’”善待兄弟曰“友”。朱熹注曰：“《书》言君陈能孝于亲，友于兄弟，又能推广此心，以为一家之政。”（《四书章句集注·论语集注》）孔子认为这就是为政，不出家照样可以为政，何必居位乃为为政？《论语》的这段记载，可以与《大学》的“君子不出家而成教于国”相互发明。“不出家”，就是在家里，在家里做到孝、悌、慈，就是为政了。

孝者，所以事君也；弟者，所以事长也；慈者，所以使众也。

孝悌本为家族伦理，指事父、事兄。慈是父母对孩子的爱。家庭关系以父子关系为最，因此，孝为人伦之首，其次是兄弟关系。《论语·学而》记载有子的话说：“孝弟也者，其为仁之本与。”孝悌“为仁之本”，并不是做到孝悌就能够自然而然做到“仁”了。儒家讲孝悌与仁义，一定要推己及人，把爱撒播到他人，关照到和自己没有血缘关系的人，才是真正的仁。如果一个人只做到孝悌，只爱自己的父母、兄弟，不爱他人，并不是“仁”。朱注：“谓之行仁之本则可，谓是仁之本则不可。”（《四书章句集注·论语集注》）我们在现实中也可以看到，有些人是孝子，可能还是个大孝子，却是一个贼寇、一个恶人，我们能说他是好人吗？不能。因为他只是做到孝，没有把对父母的孝之德向外推出来，没有推己及人，没有施于他人。所以，有子说孝悌是为仁之本，朱熹说，不能把“为仁之本”理解为“仁”的根本，而要理解为“行仁”的根本。也就是说，做到孝只是“行仁”的开始，是第一要素、前提条件，但不是充分条件。如果孝仅仅是孝，不能外推，归根结底，我们还是不能说这个人是个好人。

董仲舒在论述这个问题上有独特的见解，他说：“仁之于人、义之于我者，不可不察也。众人不察，乃反以仁自裕，而以义设人，诡其处而逆其理，鲜不乱矣。”（《春秋繁露·仁义法第二十九》）仁是对他人而言，义是对自己而言。对他人要爱，要仁慈，要包容宽厚，这才是仁者。对自己要严格，这才是义。义，从羊从我，就是对自己而言的。这是董仲舒对仁学的一个大的贡献。

《大学》讲“孝者，所以事君也；弟者，所以事长也；慈者，所以使众也”，说的就是孝、悌、慈在齐家方面的意义，理解家族伦理，遵守家族伦理，也就理解了治国的道理。有子曰：“其为人也孝弟，而好犯上者，鲜矣；不好犯上，而好作乱者，未之有也。”（《论语·学而》）孝悌之人不犯上作乱，即可事君事长。

孝是下对上，悌是幼对长，慈是上对下。父母对孩子的慈，是自然而然的情感，不但慈，有时候还会过于慈，就成了宠溺。但对他人的孩子，就不会像对待自己的孩子一样用心了，这是人之常情。如《大学》第九章引谚语：“人莫知其子之恶，莫知其苗之硕。”孩子看着自己的好，东西看着别人的好。这种情感，对于普通人来说，无可厚非，但是对于具有一定的地位，特别是担负齐家、治国责任的大夫与国君来说，就有问题了。

从齐家到治国的过程就是推己及人的过程，无论是孝悌还是慈爱，都要推广开来。从对父母的孝推到对国君的忠，从对兄的悌推到对年长之人的敬，从对孩子的慈推到对众人的爱，即做到“泛爱众，而亲仁”。

在宗法世袭贵族时代，家与国都是贵族共同体，孝、悌、慈是维系家族与诸侯国的伦理政治纽带，所以，可以直接说家之政就是国之政，孝、悌、慈就是为政的尊君、事长、使众。但是进入郡县时代以后，做到孝、悌、慈的未必可以为政。郡县制时代，从齐家到治国就要克服宗法时代的血缘家族之亲情伦理，把这种家族伦理拓展为郡县时代的政治伦理。所以，《大学》首章最后说：“自天子以至于庶人，壹是皆以修身为本。”庶人在贵族时代是没有资格读书的，不用学习诗书礼乐。因为不流动的社会性质，首先庶人没有机会学，其次学了也没有机会用。但是《大学》篇说，庶人也要修身，庶人修身就为从政准备了条件。由此可以推论，《大学》篇的时代是贵族制度瓦解之后。孔子及早期儒家站在春秋战国时期的转折期，给传统的文献资源注入了新的内涵，完成了从伦理的家国关系向政治的家国关系的转换。

二、如保赤子

《康诰》曰：“如保赤子。”心诚求之，虽不中不远矣。未有学养子而后嫁者也！

朱子曰：“保赤子，慈于家也。如保赤子，慈于国也。保赤子是慈，如保赤子是使众。”（《朱子语类》卷十六）“引《书》而释之，又明立教之本不假强为，在识其端而推广之耳。”（《四书章句集注·大学章句》）王船山曰：“《章句》‘立教之本’云云，亦但从性情会通处，发明家国之一理，以见教家之即以教国耳。‘识端推广’，乃朱子从言外衍说，非传意所有。缘恐人将孝弟慈说得太容易，以为不待学而自能，竟同处子之不学养子一例，故补此一说，见教家教国，理则一而分自殊；事之已殊，有不待推而不可者。”“其云‘立教之本’，即指上孝弟慈，金仁山之说为近。所云本者，以家国对勘：教家者教国之本，孝弟慈者事君、事长、使众之本也。唯其不假强为，则同命于天，同率于性，天理流行，性命各正，非仅可通于家而不可行于国也。唯养子不待学，则使众亦不待别有所学，而自无不可推矣。故立教之本，有端可识，而推广无难也。”“所谓推者，乃推教家以教国也，非君子推其慈于家者以使国之众也。”（《读四书大全说》卷一）

《大学》引《康诰》曰：“如保赤子。”今本《尚书·康诰》作“若保赤子，惟民其康乂”。“如”与“若”其意一也。孔颖达疏：“子生赤色，故言赤子。”又引《释诂》云：“康，安也。”“乂，治也。”《汉书·贾谊传》：“故自为赤子而教固已行矣。”颜师古注：“赤子，言其新生未有眉发，其色赤。”赤子，就是小孩。赤子是对父母而言；如保赤子，就是对国君而言，国君慈爱民众就像父母疼爱孩子一样。只有如保赤子，国君才可以称得上“为民父母”或“民之父母”。“如保赤子”与“为民父母”是周代以来的传统政治学。把君民关系比拟为父母与孩子的关系，就把家与国联系在了一起。父母关爱孩子，为君就要爱护百姓，理应如此。不如此，就没有资格做“父母官”。

对于为政者来说，“如保赤子”是个很高的要求。前面我们说过，爱自己的孩子是自然情感；爱别人的孩子像爱自己的孩子一样，爱百姓就像爱自己的孩子一样，就不是自然的情感。若要做到像爱自己的孩子一样爱百姓，就要克服自己的私欲，突破狭隘的藩篱。“民之父母”的责任要求为政者对待百姓必须做到“如保赤子”。

孔子说：“仁远乎哉？我欲仁，斯仁至矣。”（《论语·述而》）“如保赤子”就是爱他人的过程，就是“行仁”的过程。孔子心中的行仁之路并不遥远，只要心向往之，就可以实现心中的理想。对于“如保赤子”，一定要真心实意去做，即使做不到，也离目标不远了。

在战国时期，周代封建的“国”与“家”纷纷瓦解，原来的“家”也伴随着僭越扩张成了“国”。比如，晋国的韩、赵、魏三家大夫瓜分晋国，原来的三家大夫就成了诸侯。封建时代是四层贵族体制：天子、诸侯、大夫、士。但是郡县时代，特别是到了秦代，春秋时期的诸侯国就消失了。天下的共主之前是王，秦之后是皇帝。虽然西汉尝试过分封与郡县并行，但是“七国之乱”后，皇权就下决心铲除诸侯，实际上，中国历史从此没有了周代意义上的封建诸侯。郡县时代开启之后，封建宗法制度下的“子民”的身份也发生了变化，原来属于各个家族的“子民”逐渐成为天下国家的百姓。世袭的贵族封建制的“父母官”转为由中央直接任命的流动的官员。

儒家学说在汉代进入官学系统，并进入官方的意识形态，与之相关的文献与概念也就随之过渡到新的历史时期。虽然在长期的传统社会里，“父母官”“为民父母”“如保赤子”等词语一直在用，但实际上，其内涵在战国时期就发生了转变。

本节最后一句是“未有学养子而后嫁者也”，意思是，尚未出嫁的女子先学习养孩子，这是没有的事情。凡事都有个先后顺序，按照正常程序，先出嫁，再生孩子，养孩子；如果没出嫁就学养孩子，恐怕就有问题了。

三、典范的意义

一家仁，一国兴仁；一家让，一国兴让；一人贪戾，一国作乱；其机如此。此谓一言偾（fèn）事，一人定国。

朱注：“一人，谓君也。机，发动所由也。偾，覆败也。此言教成于国之效。”（《四书章句集注·大学章句》）王船山曰：“一人贪戾，则近而受之者家，远而受之者国，其必至而不差，一也。”（《读四书大全说》卷一）

《朱子语类》载：“问：‘仁让言家，贪戾言人，《或问》以为，“善必积而后成，恶虽小而可惧”，发明此意，深足以警人当为善而去恶矣。然所引《书》云“德罔小，不德罔大”，则疑下一句正合文本，而上一句不或反乎？’曰：‘“尔惟德罔小”，正言其不可小也，则庶乎“万邦惟庆”。正与《大学》相合。’”

君主齐家，先从家庭关系上理顺大宗与小宗的关系、诸侯与大夫之间的关系，先做到仁爱家人，兴孝悌慈爱之风，那么，整个国家都会因此受到鼓舞，从而形成国之好仁的风尚。如果国君在宗族里做到礼让而不争，那么，一国之中的礼让之风即起。反之，如果国君贪戾，那么，一国之中的贪戾争斗之风起，社会就乱了。先言家，再说国，看起来是先小后大，但所言说的主题是国君，是居于上位的“民之父母”。国君的行为引领同宗族的大夫、士，上行下效，君子之德如风，百姓之德如草，“草上之风，必偃”。国君出了问题，家族就出了问题，国也就出了问题。国家治乱的机关就在这里啊！

居于上位的君子发号施令，行使治理国家的权力，一旦有言行不当、决策失误，就可能带来很大的危害，此所谓“一言偾事”。君子如果先做到修身齐家，做事按照程序与规定来，就可以安定国家，成为国家的中流砥柱。

仁是德，让是礼。为政以德，为国以礼。仁君明德，礼让为国是亲民之举，而不是与民争利。与民争利就是君主贪戾。《大学》“三纲领”是“明明德，亲民，止于至善”。程子曰：“亲，当作新。”朱注：“当推以及人，使之亦有以去其旧染之污也。”（《四书章句集注·大学章句》）按照程、朱的理解，“亲民”是使民有所新、改过自新的意思。王阳明认为，“亲民”就应该如古本《大学》作“亲民”，不应改为“新民”。明德是本，亲民是用。亲民就是仁民，仁民而爱物，最终实现万物一体之仁。

> 尧舜帅天下以仁，而民从之；桀纣帅天下以暴，而民从之；其所令反其所好，而民不从。是故君子有诸己而后求诸人，无诸己而后非诸人。所藏乎身不恕，而能喻诸人者，未之有也。故治国在齐其家。

朱注：“有善于己，然后可以责人之善；无恶于己，然后可以正人之恶。皆推己以及人，所谓恕也，不如是，则所令反其所好，而民不从矣。”（《四书章句集注·大学章句》）《朱子语类》：“或问：‘先吏部说：“有诸己而后求诸人，无诸己而后非诸人。”’曰：‘这是说寻常人，若自家有诸己，又何必求诸人；无诸己，又何必非诸人。如孔子说“躬自厚而薄责于人”，“攻其恶，毋攻人之恶”。至于《大学》之说，是有天下国家者，势不可以不责他。然又须自家有诸己，然后可以求人之善；无诸己，然后可以非人之恶。’”“范公‘恕己之心恕人’这一句自好。只是圣人说恕，不曾如是倒说了。不若横渠说‘以责人之心责己，爱己之心爱人’，则是见他人不善，我亦当无是不善；我有是善，亦要他人有是善。推此计度之心，此乃恕也。于己，不当下‘恕’字。”“‘治国’章乃责人之恕，‘平天下’章乃爱人之恕。‘齐家’一章，但说人之偏处。”“仁甫问‘治国在齐其家’。曰：‘这个道理，却急迫不得。待到他日数足处，自然通透。这个物事，只是看得熟，自然有条理。上面说“不出家而成教于国”，此下便说其所以教者如此，这三者便是教之目。后面却是说须是躬行，方会化得人。此一段只此两截如此。’”“因讲‘礼让为国’，曰：‘“一家仁，一国兴仁，一家让，一国兴让。”自家礼让有以感之，故民亦如此兴起。自家好争利，却责民间礼让，如何得他应！东坡策制“敦教化”中一段（“欲民之知信，莫若务实其言；欲民之知义，莫若务去其贪”），说得也好，虽说得粗，道理却是如此。看道理不要玄妙，只就粗处说得出便是。如今官司不会制民之产，民自去买田，又取他牙税钱。古者群饮者杀。今置官诱民饮酒，惟恐其不来，如何得民兴于善。’”

《孟子·梁惠王上》开篇有一段话，记载梁惠王问孟子“何以利吾国?”孟子不做正面回答，反而质问梁惠王为什么要问这个问题。孟子的意思是，你作为国君，如果带头言利、好利，那么下面的大夫、士庶人就会纷纷效仿，争相逐利，这样就会引发上下逐利而国家混乱的局面。君民同好恶，而且，民的好恶在君好恶的程度上要加剧。《孟子·滕文公上》

曰："上有好者，下必有甚焉者矣。"《礼记·缁衣》曰："上好是物，下必有甚者矣。"就是说，国君有什么喜好，民众喜好的程度一定比国君更深；国君讨厌什么，民众对其讨厌的程度也一定比国君更深。

尧舜，天下圣王，以仁引领天下，百姓好仁；桀纣，天下暴君，以贪戾残暴引领天下，百姓好贪戾残暴。如果国君发布的命令与其喜好相反，言行不一，那么，百姓就不顺从。孔子说"其身正，不令而行；其身不正，虽令不从"（《论语·子路》），就是此意。

为什么君民可以同好恶？这种典范政治的内在原因是什么？答案正是齐家的道理。君之于国是国君，于大夫就是家长。家长在家里不但是权威，也是教养之本。孩子从小听父母的话，那么，民众也就听国君的话，但是，前提是国君要先修己，要求民做到的，自己要先做到。

孔子说："君子求诸己，小人求诸人。"（《论语·卫灵公》）孟子说："行有不得者皆反求诸己。"（《孟子·离娄上》）儒家讲的"己"，是自己；与"己"相对的"人"，指的是他人。"求诸己"是儒学的重要方法论。"求诸己"是对自己严格要求，敢于担责。出了问题，有了矛盾，先要从自己这里寻找原因，而不是推卸责任，怪罪他人，或者埋怨客观条件。这个方法论极为重要。"求诸己"的方法关系到处理人己关系的出发点，也是齐家的资格、治国的前提。

四、造端乎夫妇

《诗》云："桃之夭夭，其叶蓁蓁。之子于归，宜其家人。"宜其家人，而后可以教国人。《诗》云："宜兄宜弟。"宜兄宜弟，而后可以教国人。《诗》云："其仪不忒（tè），正是四国。"其为父子兄弟足法，而后民法之也。此谓治国在齐其家。

这部分连续三次引《诗》，反复阐发齐家之于治国的重要性。

"桃之夭夭，其叶蓁蓁。之子于归，宜其家人"出自《周南·桃夭》。"宜兄宜弟"出自《小雅·蓼萧》。"其仪不忒，正是四国"出自《曹风·鸤鸠》。

《大学》所引《桃夭》全诗如下：

桃之夭夭，灼灼其华。之子于归，宜其室家。
桃之夭夭，有蕡其实。之子于归，宜其家室。
桃之夭夭，其叶蓁蓁。之子于归，宜其家人。

翻译过来就是：桃花怒放千万朵，色彩鲜艳红似火。这位姑娘要出嫁，喜气洋洋归夫家。桃花怒放千万朵，果实累累大又多。这位姑娘要出嫁，早生贵子后嗣旺。桃花怒放千万朵，绿叶茂盛永不落。这位姑娘要出嫁，齐心协手家和睦。

全诗从姑娘出嫁写到夫妇齐心协力建设好家庭，显示了作者对夫妇关系的重视。其实，孔子并不反对真正的男女情感，《诗经》第一首诗就是情诗《关雎》。《国风》中还有其他描写男女感情与夫妇之道的诗句，比如《郑风》中的《子衿》：

青青子衿，悠悠我心。纵我不往，子宁不嗣音？

青青子佩，悠悠我思。纵我不往，子宁不来？

挑兮达兮，在城阙兮。一日不见，如三月兮！

诗句描写年轻女子在思念她的心上人的内心情感，特别是著名的“一日不见，如三月兮”，后世广为传诵。但是，这种正常的男女之情在后来受到压抑，甚至被曲解，连王阳明这样的圣人也怀疑包括《子衿》在内的《郑风》是后人窜入《诗经》的。《传习录》记载：

爱又问：“恶可为戒者，存其戒而削其事以杜奸，何独于《诗》而不删郑、卫？先儒谓‘恶者可以惩创人之逸志’，然否？”先生曰：“《诗》非孔门之旧本矣。孔子云：‘放郑声，郑声淫。’又曰：‘恶郑声之乱雅乐也。’‘郑、卫之音，亡国之音也。’此是孔门家法。孔子所定三百篇，皆所谓雅乐，皆可奏之郊庙，奏之乡党，皆所以宣畅和平，涵泳德性，移风易俗，安得有此？是长淫导奸矣。此必秦火之后，世儒附会，以足三百篇之数。”

王阳明的这个说法不是偶然现象。朱熹的《诗集传》说“郑风淫”，把《诗经》中的《郑风》列为淫诗。但是《论语》里，孔子说的是“郑声淫”。有学者认为，孔子感到郑之乐与郑之风不相匹配，并不是说《郑风》有问题。其实道理不复杂，我们只要看看孔子与早期儒家是否压制人的情感、如何看待夫妇关系就知晓这个道理了。

对照《中庸》，能将此处引《诗》看得更明白。《中庸》第十二章：

君子之道费而隐。夫妇之愚，可以与知焉，及其至也，虽圣人亦有所不知焉；夫妇之不肖，可以能行焉，及其至也，虽圣人亦有所不能焉。……君子之道，造端乎夫妇；及其至也，察乎天地。

“君子之道，造端乎夫妇”，君子之道，发端于夫妇之道。悟不得夫妇之道，也就不晓得君子之道。齐家不只是做到孝、悌、慈，还要悟得“子之于归，宜其家人”的道理。实际上，夫妇关系处于五伦的中间位置，实在太重要了。《周易·序卦》说：“有天地然后有万物，有万物然后有男女，有男女然后有夫妇，有夫妇然后有父子，有父子然后有君臣。”夫妇是人类社会繁衍的必要条件。不重视夫妇之道，也就不重视家庭关系。有错误观点认为，儒家轻视妇女，并引《论语》为证：“唯女子与小人为难养也，近之则不逊，远之则怨。”钱穆先生说，《论语》里的话都是针对实人实事而言的。当然，这句话也不例外。孔子说的女子与小人是指他的家人，而不是普遍的社会上的人。否则，你就很难理解后面的话。因为只有对自己家里的人，才会有如此的感受——太近与太远都不好，所以要保持一定的距离与尺度。但这个适合的距离与尺度又是很难把握的，所以，悟得夫妇之道与维护好夫妇关系绝非易事。

夫妇之道之难，在于夫妇关系不同于父子关系、兄弟关系，有其特殊性。第一，夫妇之间很亲密，但又不是血缘关系。第二，夫妇之间有分工，但又不是上下级关系。《大学》讲齐家，上文只谈孝悌慈，而不谈夫妇之道，此处引《诗》专门谈夫妇之道，可能是考虑到了夫妇之道的特殊性。

我们再看《中庸》第十五章：

君子之道，辟如行远必自迩，辟如登高必自卑。《诗》云：“妻子好合，如鼓瑟琴；兄弟既翕，和乐且耽；宜尔室家，乐尔妻帑。”

君子要想走得远，就要从近处出发，由近及远。要想登得高，就要从低处出发，由低到高。君子是要治国做事的，做事的前提是要齐家，处理好夫妇关系、父子关系、兄弟关系。只有家庭关系和睦了，才能奏出和谐的齐家交响曲。

《孟子·梁惠王上》载：“《诗》云：‘刑于寡妻，至于兄弟，以御于家邦。’言举斯心加诸彼而已。故推恩足以保四海，不推恩无以保妻子。古之人所以大过人者，无他焉，善推其所为而已矣。”孟子这段话也是讲从齐家到治国的渐进之路。“刑于寡妻”的“刑”是通假字，通“型”。“刑于寡妻，至于兄弟，以御于家邦”，就是自己要做妻子的表率，然后引领兄弟，才可以延伸至家族与邦国。国君要善于推恩，推恩就是推己及人，将仁爱延伸。

在父权制的社会结构关系中，一般来说，夫妇关系取决于男方的因素较多。但是我们看古籍，古代也未必如后人想象的那样。好色是人之本性，但是人之教养与责任不能仅凭好色之念，还要好德；而且为政者要从自身做起，起到引领与表率的作用。《后汉书·宋弘传》记载：

弘当宴见，御坐新屏风，图画列女，帝数顾视之。弘正容言曰：“未见好德如好色者。”帝即为彻之。笑谓弘曰：“闻义则服，可乎？”对曰：“陛下进德，臣不胜其喜。”

时帝姊湖阳公主新寡，帝与共论朝臣，微观其意。主曰：“宋公威容德器，群臣莫及。”帝曰：“方且图之。”后弘被引见，帝令主坐屏风后，因谓弘曰：“谚言贵易交，富易妻，人情乎？”弘曰：“臣闻贫贱之知不可忘，糟糠之妻不下堂。”帝顾谓主曰：“事不谐矣。”

宋弘官至太中大夫，封宣平侯。他劝谏光武帝处理好“好德”与“好色”的关系，光武帝立即采纳。光武帝的姐姐死了丈夫，欲改嫁，看中了宋弘。光武帝给姐姐说媒，以普通人容易犯的“贵易交，富易妻”来试探宋弘，却被宋弘挡了回去。宋弘说：“贫贱之知不可忘，糟糠之妻不下堂。”可见，古代的夫妇关系并不如后人所想象的那样，男的都高高在上，不尊重女性。又可见，有修为的君子，即使有一点非分之想，也能被拉回来。

“其仪不忒，正是四国”是《曹风·鸤鸠》中的一句。全诗如下：

鸤鸠在桑，其子七兮。淑人君子，其仪一兮。其仪一兮，心如结兮。

鸤鸠在桑，其子在梅。淑人君子，其带伊丝。其带伊丝，其弁伊骐。

鸤鸠在桑，其子在棘。淑人君子，其仪不忒。其仪不忒，正是四国。

鸤鸠在桑，其子在榛。淑人君子，正是国人。正是国人，胡不万年！

鸤鸠，就是布谷鸟，学名杜鹃，性孤独，繁殖期善鸣叫。这首诗以布谷鸟比君子的仪表与做法都是值得称道的。君子既有礼仪之体，又有礼仪之用，其威仪本身就是教化的手段。“文质彬彬，然后君子”（《论语·雍也》），“君子不重则不威”（《论语·学而》）。父子兄弟纷纷效仿，民才可以效仿，用今天的话说就是，自家人都看不起的，很难获得民众的认可。《周易·家人·彖传》：“家人，女正位乎内，男正位乎外。男女正，天地之大义也。家人有严君焉，父母之谓也。父父、子子、兄兄、弟弟、夫夫、妇妇，而家道正。正家，而天下定矣。”家正而后国正，家齐而后国治。所以，《大学》本章结语说：“此谓治国在齐其家。”

五、齐家治国的当代意义

综上所述，《大学》论齐家是治国的前提。春秋时期，“家”不是今天意义上的小家，而是大的家族、宗族；“国”也不是今天的国，而是天下的诸侯国。周代的天下相当于今天的国。西周至春秋时期，从“家”到“国”到“天下”，其家庭伦理自然延伸到国与天下之政，所以，修身、齐家、治国、平天下的主体都是一家人，没有障碍，家长与孩子的关系可以自然转移到官与民的关系上。

贵族封建制瓦解，随之进入的是郡县制时代，齐家与治国之间的主体就不再是封建时代的宗法关系了。所谓的家天下，也只有几百年的时间，总体来说，郡县制时代绝大部分“家”与“国”的主体已经不是同宗了，从“齐家”到“治国”不再是自然而然的伦理延伸，而是政治关系。当然，皇帝也会封一些亲戚担任王侯，但是这些王侯与宗法制度下的诸侯国的意义已经完全不同。中国的宗法作为国家的政治结构制度瓦解了，但作为一种社会力量的家族一直存在，所以，长期的传统社会既有小家，又有大的家族、宗族。这样就呈现出两种主要力量。

一种是国家要选贤与能，充实到为政者队伍中，任命各级官吏。这个体制要求官员流动，只有流动，才可以保证中央集权。我们看历史上，如果一个官职被某一个家族所承包，社会阶层就会固化，不流动了，居于下位的人再怎么努力，再有修为，也得不到机会，那么，这个社会就可能出问题。东汉时期的世卿世禄实际上就是导致走向三国时代的内在政治原因。从这个角度来说，从宗法贵族体制过渡到郡县制是历史的进步。

但是，郡县制时代还有另外一种破坏选贤与能、影响中央集权的力量，这就是各个历史时期的大族，比如三国时期的袁绍家族、晋代的琅邪王氏家族。我们读历史就会发现，越是分裂时期，大族的力量就越大；统一时期，大族的力量就弱一些。因为，这种家族的力量一定会有世袭传承的思维。

近代以来，各个家族在历史大潮中逐渐瓦解，古代的家训家规带有强制性的齐家的约束力量，在今天还能发挥多大的作用？这是要好好研究的课题。因为，今天的“家”主要指的是小家，“家族”这个名称虽然还存在，但很难说所谓的族长还有话语权。那么，今天再看《大学》的“齐家治国”还有意义吗？我认为还有意义。意义何在？怎么凸显出来？这就是《大学》讲的修身为本。

孔子及其弟子所处的历史转换期正是从封建之家向郡县之家过渡的时期，社会秩序的维系除了血缘亲情，就是为政者的德行以及社会制度。实际上，孔子伟大的仁学思想已经突破了“己”与“小家”，而走向了“人”与“大家”。孔子之前，谁出身好，谁就是贵族、君子。孔子之后，谁有修为，有教养，谁就是贵族、君子。一个人无论出身高低，无论贫富，只要努力修身，都会有成功的希望。

做到了修身，才可以齐家，进而治国。总而言之，孔子修身思想的精髓是悟得仁学真谛，就是把对自己家人的好推广到他人身上。这就是恕道。孔子与孟子认为，这是为政的前提，只有这样的人才会对百姓好。只要做到这个，也只有做到这个，社会才能上下各得其所。

最后，我来回应一下开头所讲的“大家”的概念。“大家”有时候指代在某个领域具有引领作用、做出了卓越贡献的典范人物，比如，我们孟子研究院以陈来先生为首的诸位先生，就是公认的“大家”，哲学界与儒学界的“大家”。可见，今天我们使用的“大家”一词有两个内涵，既包括引领“大家”（众人）的“大家”（典范人物），又包括被“大家”（典范人物）引领的“大家”（众人）。这两个“大家”所蕴含的意义实际上可以指代今天的“齐家”的内涵，也包含了从齐家向治国的转变意义。否则，我们很难理解，今天，如果只是做到齐三口之家或者五口之家的人，如何能够实现治国的价值。这中间一定要有一个突破小家庭的含义，一定要有一个从家庭内部伦理走向大众伦理的突破。所以，今天我们读《大学》的意义还在，而且显得越来越重要。

治国平天下

李存山

《大学》传第十章解释的是《大学》首章经文中的“古之欲明明德于天下者，先治其国”“国治而后天下平”。朱熹的《大学章句》（以下简称《章句》）说：“右传之十章，释治国平天下。（此章之义，务在与民同好恶而不专其利，皆推广絜矩之意也。能如是，则亲贤乐利各得其所，而天下平矣。）”“治国平天下”是这一章的主题。按朱熹所说，这一章有三个要点：第一是“务在与民同好恶而不专其利”。“好恶”就是喜好和厌恶。“不专其利”的“其”是“己”的意思，是针对执政者而言。这句话的意思是说，执政者要与人民同好恶，服从于人民的利益，而不要专谋求自己的利益。第二个要点是这一章“皆推广絜矩之意也”，“絜矩”是这一章的一个重要概念，儒家的道德论可以说是以“絜矩之道”为中心的，我们在后面将对“絜矩”概念作展开的解读。第三个要点是“能如是，则亲贤乐利各得其所，而天下平矣”，这是讲执政者如何亲贤人、远小人，如何能使天下人都各得其所、各得其利，这样也就天下太平了。

《大学》的经文中提出了“三纲领”“八条目”，本章是解释第八个条目，因而是《大学》的最后一章。这一章比较特殊，字数比较多，有八百余字，是《大学》中字数最多的一章。为了解读的方便，我们把这一章分为十九节来解读。

第一节：

所谓平天下在治其国者：上老老而民兴孝，上长长而民兴弟，上恤孤而民不倍，是以君子有絜矩之道也。

首句“平天下在治其国”，意思就是若要平天下，必须先治其国，也就是《大学》首章经文中所说的“国治而后天下平”。《大学》首章经文中讲：“物有本末，事有终始，知所先后，则近道矣。”它强调了本和末、终和始、先和后，可以说《大学》通篇都在强调这种本末、终始、先后的意识。在“八条目”中，“物格而后知至，知至而后意诚，意诚而后心正，心正而后身修，身修而后家齐，家齐而后国治，国治而后天下平”。具体到本章，就是讲必须先治国，然后才能平天下。

如何才能治国呢？下一句讲：“上老老而民兴孝，上长长而民兴弟，上恤孤而民不倍，是以君子有絜矩之道也。”这里的“上”是指执政者，在当时就是指国君以及政府官员。“民”是相对于国家政权和执政者而言，也就是俗说的老百姓。“老老”和“长长”，后面的“老”“长”是名词，即指父母亲和兄长；前面的“老”“长”是动词。朱熹《章句》说：“老老，所谓老吾老也。”我们知道“老吾老”出于《孟子》，孟子说“老吾老以及人之老，幼吾幼以及人之幼”（《孟子·梁惠王上》）。“老老”就是孝敬父母亲，“长长”就是尊敬兄长，二者合起来说就是孝悌。“上老老”“上长长”是说执政者自己要在孝亲敬长上率先垂范，这样才能感发民众而在社会上兴起普遍的孝悌。“上恤孤”的“恤”是救济的意思，“孤”就是孤儿，朱熹《章句》说“孤者，幼而无父之称”。“民不倍”的“倍”，朱熹《章句》说“与背同”，即背弃的意思。

我们把“上老老而民兴孝，上长长而民兴弟，上恤孤而民不倍”翻译成现代白话，就是说，在上者（执政者）孝敬父母，这样就能在百姓中感发兴起普遍的孝道；在上者尊敬兄长，这样就能在百姓中感发兴起普遍的悌道；在上者救济幼孤，这样就能使百姓不背弃执政者。

朱熹《章句》说：“言此三者，上行下效，捷于影响，所谓家齐而国治也。”“此三者”就是“上老老而民兴孝，上长长而民兴弟，上恤孤而民不倍”。这一章是强调要“先治其国”，然后才能平天下，“国治而后天下平”。但是在本章前面首先讲了“上老老”“上长长”“上恤孤”，这里的“恤孤”，我认为可以是指救济宗族和家族里面的孤儿，所以朱熹说“所谓家齐而国治也”。孝亲、敬长、救济幼孤，这些应该是属于齐家里面的内容。

这一章强调的是“国治而后天下平”，但是前面三句是讲“家齐而国治”。这三句的意思大致同于孔子所说：“政者，正也。子帅以正，孰敢不正？”（《论语·颜渊》）这里的“政”就是治国理政。孔子说“政者，正也”，是说执政者首先自己要思想德行端正，因为执政者是领导者，如果他自己做得正、行得直，那么被领导者有哪个敢不正呢？这就是讲上行下效，执政者要率先垂范。《论语》中还记载有人问孔子为什么不为政，“子奚不为政?”孔子回答说：“《书》云：‘孝乎惟孝，友于兄弟，施于有政。’是亦为政，奚其为为政?”（《论语·为政》）这里的《书》是指“六经”之一的《尚书》，所引的话出自《尚书·君陈》篇。“孝乎惟孝，友于兄弟”说的是孝悌，因为执政者的孝悌能够影响全国，所以这就是“施于有政”了。孔子说“是亦为政，奚其为为政”，意为执政者的孝悌就是为政，齐家然后才能治国，如果这不是为政，那什么是为政呢？孔子强调了执政者首先要齐家，在孝亲敬长方面要做出表率。

《大学》传九章也说：“一家仁，一国兴仁；一家让，一国兴让；一人贪戾，一国作乱。其机如此。此谓一言偾事，一人定国。”这里的“一家”是指国君的一家，也是强调国君要先齐家然后才能治国。“一人贪戾，一国作乱”“一言偾事，一人定国”，这是强调国君的言行品德对于国家治乱的重要性。同样，孟子也说：“君仁，莫不仁；君义，莫不义；君正，莫不正。一正君而国定矣。”（《孟子·离娄上》）儒家在为政以德方面一直强调执政者的率先垂范作用，执政者的德行如何，决定了一个国家的治乱。

这一节的最后一句“是以君子有絜矩之道也”，朱熹《章句》说：“絜，度也。矩，所以为方也。”我们先解释“度”，“度”就是度量衡的度，是度量物品长短的标尺、准则。“絜”作为度，它是度量圆形物品周围的长度。《庄子·人间世》中有“絜之百围”，这里的“絜”就是度量圆形物品的周长。我推想它就像一根绳子，是一种软的标尺。“矩”是“所以为方也”，也就是画方形的直角尺。我们画方形，需要九十度的直角尺。“矩”与“规”经常合用，“规”就是画圆的圆规，“规”与“矩”

合用，就是“规矩”，是准则、规则、法则的意思。在这里，“絜”与“矩”合用，就是“絜矩”，也是准则、规则、法则的意思。“絜矩”一词在古书中很少用，《大学》所讲的“絜矩之道”，主要是道德规则、法则的意思，我认为它实际上就是儒家讲的“忠恕之道”。

古书中对《大学》的注解，除了朱熹的《大学章句》，重要的还可以参看《礼记正义》中《大学》这一篇的郑玄注和孔颖达疏（以下凡引《礼记正义》都指对其中《大学》的注或疏）。在《礼记正义》中郑玄注说：“絜矩之道，善持其所有，以恕于人耳。治国之要尽于此。”孔颖达疏说：“能持其所有，以待于人，恕己接物，即絜矩之道也。”朱熹《大学章句》对“絜矩之道”的解释与郑玄注、孔颖达疏的意思基本相同，《章句》说：“是以君子必当因其所同，推以度物，使彼我之间各得分愿，则上下四旁均齐方正，而天下平矣。”郑玄注、孔颖达疏和朱熹《章句》中讲的“以恕于人”“恕己接物”“推以度物”等，实际上都是讲的“忠恕之道”。

儒家的“忠恕之道”就是推己及人，如孔子所说“己欲立而立人，己欲达而达人”（《论语·雍也》），“己所不欲，勿施于人”（《论语·颜渊》）。这是儒家的“行仁之方”，也就是推行、实践仁爱精神的基本、普遍的方法、规则、准则或原则。“忠恕之道”之所以重要，是因为它体现了道德的“交互主体性”。所谓“主体性”就是人有意识自觉或自我意识，有独立意志（《论语·子罕》曰“三军可夺帅也，匹夫不可夺志也”），有自由、自律和自我选择的道德能动性（《论语·颜渊》曰“为仁由己，而由人乎哉”；《论语·述而》曰“我欲仁，斯仁至矣”），而且人具有内在价值，“人是目的”。所谓“交互主体性”，就是在道德行为的双方，彼此之间或人我之间，交互承认对方的“主体性”，如承认每个人都具有独立意志。“我不欲人之加诸我也，吾亦欲无加诸人”（《论语·公冶长》），这里的“加”就是强加，我不愿意别人强加于我，所以我也不强加于别人，这是“己所不欲，勿施于人”的一个基本含义。关于“人是目的”，《墨子》里面有一句话有助于我们理解什么叫作“人是目的”。因为墨家本身是出于儒家的，所以墨家的一些思想实际上是和儒家一致的。如《墨子·经说上》所说：“仁，爱己者非为用己也，不若爱马。”这里的“爱己”是爱人如己的意思。我们爱自己，不是为了用自己；同样，“仁者爱人”是爱人如己，也不是为了用别人。“不若爱马”，“爱马”往往是为了用马，因为马有工具价值，但“爱己”和“爱人如己”不是因为自己和他人有工具价值，而是因为自己和他人有内在价值，也就是说，人是目的，而不能把人当作工具。

第二节：

所恶于上，毋以使下；所恶于下，毋以事上；所恶于前，毋以先后；所恶于后，毋以从前；所恶于右，毋以交于左；所恶于左，毋以交于右：此之谓絜矩之道。

这一节是具体地解释什么是“絜矩之道”。“恶”，读为厌恶的恶。“所恶于上，毋以使下”，就是说你不愿意上面的人如何对待你，那么你就不要用这种方式来对待你下面的人。同样，“所恶于下，毋以事上”，就是说你不愿意下面的人如何对待你，那么你就不要用这种方式对待你上面的人。朱熹《章句》说：“如不欲上之无礼于我，则必以此度下之心，而亦不敢以此无礼使之。不欲下之不忠于我，则必以此度上之心，而亦不敢以此不忠事之。至于前后左右，无不皆然。”后面的“所恶于前，毋以先后；所恶于后，毋以从前；所恶于右，毋以交于左；所恶于左，毋以交于右”，都按这种意思来理解。这里的上下、前后、左右，是喻指一切人际关系，即都要按照“己所不欲，勿施于人”的方式来处理。

朱熹《章句》说：“则身之所处，上下、四旁、长短、广狭，彼此如一，而无不方矣。彼同有是心而兴起焉者，又岂有一夫之不获哉。”朱熹在“上下、四旁”的后面加了“长短、广狭”，我的理解是进一步强调“絜矩之道”在人际关系中的普遍性。“彼此如一，而无不方矣”，是说一切人际关系都按照这种方式来处理，那么一切人际关系“无不方”，都能符合道德规则，这样也就能达到人际关系的和谐。

朱熹又说：“所操者约，而所及者广，此平天下之要道也。”“所操者约”，是说这是最基本的道德规则；“所及者广”，是说这是最普遍的道德规则。“此平天下之要道”，就是说这是能使天下太平、世界和谐的最基本、最普遍、最重要的道理、原则。

《论语·卫灵公》记载：“子贡问曰：‘有一言而可以终身行之者乎？’子曰：‘其恕乎！己所不欲，勿施于人。’”这是强调恕道的重要性。《中庸》说：“忠恕违道不远。施诸己而不愿，亦勿施于人。”儒家在讲到“己所不欲，勿施于人”时，往往不仅仅是讲“恕”，而是统合了“忠恕”，因为“忠”与“恕”本来是密不可分的。《大学》在讲“絜矩之道”时，虽然字面意思是讲“己所不欲，勿施于人”，但实际上也是统合了“忠恕之道”的意思。

儒家的“忠恕之道”是最基本、最普遍的道德规则，是一切人际关系的道德“金律”。二十世纪九十年代各大宗教的代表人物在美国召开会议，发表了《全球伦理宣言》，其中说：“数千年以来，人类的许多宗教和伦理传统都具有并一直维系着这样一条原则：己所不欲，勿施于人！或者换用肯定的措辞，即你希望人怎样对待你，你也要怎样待人！这应当在所有的生活领域中成为不可取消的无条件的原则，不论是对家庭、社团、种族、国家还是宗教，都是如此。”可见“忠恕之道”在当今世界的各种人际关系，不仅是个人之间的关系，而且包括家庭、社团、种族、国家和宗教之间的关系中，都具有普遍的重要意义。

我有一次参加以“忠恕之道与世界和平”为主题的学术会议，我在提交的论文中提到，二十世纪五十年代由周恩来总理首倡了国际关系中的“和平共处五项原则”，即“互相尊重主权和领土完整、互不侵犯、互不干涉内政、平等互利、和平共处”。我认为其中蕴含了“忠恕之道”的精神。“互相尊重主权和领土完整、互不侵犯、互不干涉内政”实际上就是“己所不欲，勿施于人”，也就是说，我不愿意别的国家侵犯我的主权和领土，干涉我的内政，那么我也不要用这种方式来对待别的国家；而“平等互利”实际上就是“己欲立而立人，己欲达而达人”，这样才能有国际关系中的互利共赢、和平交往与和谐。我后来知道，周总理在一次接见埃及代表团时说，中国人办外事的一些哲学思想，“来自我们的民族传统，不全是马列主义的教育”。这段话见于《周恩来外交文选》（中央文献出版社 1990 年版，第 328 页）。

朱熹《章句》在解释了“絜矩之道”后说：“故章内之意，皆自此而推之。”也就是说，以下讲的都是从“絜矩之道”推衍而来。因为“忠恕之道”是人际关系中最基本、最普遍的道德规则，所以人类的一切道德行为可以说都是贯彻了“忠恕之道”的精神。在《大学》中主要是讲执政者要按照“絜矩之道”的精神来治国理政，“务在与民同好恶而不专其利”。

以上讲的第一节和第二节，可以说是统领这一章的主要意思。下面展开讲的就是如何按照“絜矩之道”的精神来治国平天下。

第三节：

《诗》云：“乐只君子，民之父母。”民之所好好之，民之所恶恶之，此之谓民之父母。

这一节所引的诗句见于《诗经·小雅·南山有台》。朱熹《章句》说：“只，语助辞。”助词就是虚词，没有实的含义，只起语助的作用。所引诗句的意思是赞颂执政的官员如“民之父母”一样爱民，受到人民的衷心拥戴。汉代的《毛诗序》说：“《南山有台》，乐得贤也。得贤则能为邦家立太平之基矣。”儒家的以德治国，首先是强调君主的德行要以身作则，其次是要选贤任能，这可以说是以德治国的组织路线。

执政者如何才能成为“民之父母”呢？传文说：“民之所好好之，民之所恶恶之，此之谓民之父母。”朱熹《章句》说：“言能絜矩而以民心为己心，则是爱民如子，而民爱之如父母矣。”这就是说，执政者要根据人民的好恶而好恶，服从于人民的意志而执政。民之所好者，执政者要为民兴利；民之所恶者，执政者就要为民除害。要以民心为己心，与人民同好恶，时时处处为民兴利除害，这样就是“爱民如子”，而人民对执政者也就“爱之如父母”了。

《论语·尧曰》中记载孔子说“因民之所利而利之”，孔子把“博施于民而能济众”作为比“仁”更高的“圣”的境界（《论语·雍也》）。孟子在讲到“得民心者得天下”时说：“得天下有道：得其民，斯得天下矣。得其民有道：得其心，斯得民矣。得其心有道：所欲与之聚之，所恶勿施尔也。”（《孟子·离娄上》）这里的“所欲与之聚之，所恶勿施尔也”，也是执政者与民同好恶、为民兴利除害的意思。朱熹的《孟子集注》在解释孟子的这段话时说：“民之所欲，皆为致之，如聚敛然。民之所恶，则勿施于民。晁错所谓‘人情莫不欲寿，三王生之而不伤；人情莫不欲富，三王厚之而不困；人情莫不欲安，三王扶之而不危；人情莫不欲逸，三王节其力而不尽’，此类之谓也。”执政者要顺“人情”，这个“人情”就是民之好恶。执政者要与民同好恶，按照民之好恶来治国理政，推己及人，就能得民心，这就是把忠恕之道或絜矩之道的精神贯彻实行于执政为民，要“因民之所利而利之”，反过来说就是“因民之所恶而除之”，总之是为民兴利除害。我们现在说，要以人民为中心，人民对幸福生活的向往就是执政者的奋斗目标，也是这个意思。

第四节：

《诗》云：“节彼南山，维石岩岩，赫赫师尹，民具尔瞻。”有国者不可以不慎，辟则为天下僇矣。

这一节所引的诗句见于《诗经·小雅·节南山》。朱熹《章句》说：“节，截然高大貌。师尹，周太师尹氏也。”诗句的意思是赞颂周太师尹氏声名赫赫，如终南山的岩石巍巍矗立，为民众所瞻仰，他能以身作则，成为民众的楷模。

在引诗句之后说："有国者不可以不慎，辟则为天下僇矣。"朱熹《章句》解释："辟，读为僻。僇，与戮同。""辟，偏也。""偏"就是偏私、不正。"戮"有刑杀、灾祸的意思。《章句》解释句意："言在上者人所瞻仰，不可不谨。若不能絜矩而好恶殉于一己之偏，则身弑国亡，为天下之大戮矣。"意思是说，执政者处于被民所瞻仰、从而上行下效的地位，所以其言行不可以不谨慎。如果他不能实行絜矩之道，不能根据人民的好恶而好恶，而是好恶出于一己之偏私，自以为是，独断专行，只顾谋取自己的私利，那么就会有杀身亡国的大灾祸。这是《大学》对执政者提出的警告。

第五节：

《诗》云："殷之未丧师，克配上帝；仪监于殷，峻命不易。"道得众则得国，失众则失国。

这一节所引的诗句见于《诗经·大雅·文王》。朱熹《章句》说："仪，《诗》作宜。""师，众也。配，对也。配上帝，言其为天下君，而对乎上帝也。监，视也。峻，大也。不易，言难保也。"诗句的大意是，商朝的统治者没有失去大众的拥戴时，能为天下君，配享上帝。执政者应该以殷商的兴亡为鉴，吸取历史的经验教训，遵循天命而服从于人民的意志，这样才能保天下。做到这一点是不容易的。

在引诗句之后说："道得众则得国，失众则失国。"朱熹《章句》："道，言也。引《诗》而言此，以结上文两节之意。有天下者，能存此心而不失，则所以絜矩而与民同欲者，自不能已矣。"这里的"道"是说的意思。引《诗》“以结上文两节之意”，也就是说，第三、四、五节的意思都可归结为“得众则得国，失众则失国”。这也就是孟子所说的“桀纣之失天下也，失其民也；失其民者，失其心也。得天下有道：得其民，斯得天下矣。得其民有道：得其心，斯得民矣。得其心有道：所欲与之聚之，所恶勿施尔也”（《孟子·离娄上》）。桀是夏朝的最后一个君主，他暴虐，违背了天命和民心，所以天就选择了商汤去征伐夏桀；纣是商朝的最后一个君主，他也暴虐，违背了天命和民心，所以天就选择了周武王去征伐商纣王。桀、纣之所以失天下，最根本的原因就是失去了民心，被人民所反对。而得天下者最根本的原因就是得民心，被人民所拥戴。孟子实际上也是用了“己所不欲，勿施于人”来讲国家的执政者如何得民心、如何施政为民的问题。朱熹认为，有天下者如果能常存此心而不忘，实行絜矩之道而“与民同欲”，那么就可以“自不能已”。“已”是停止的意思，“自不能已”就是保天下而江山永固了。《大学》讲的是“得众则得国，失众则失国”，实际上就是孟子说的“失民心者失天下，得民心者得天下”的意思。

朱熹说的“与民同欲”，也就是与民同好恶，意思大致同于孟子所说的执政者要“与民同乐”“乐民之乐”“忧民之忧”“乐以天下，忧以天下”。民之忧乐，实际就是民之好恶；“乐民之乐”“忧民之忧”，实际就是与民同好恶。因为“乐民之乐者，民亦乐其乐；忧民之忧者，民亦忧其忧”（《孟子·梁惠王下》），所以上下同心、休戚与共，执政者就能得到民众的拥护、支持，也就可以使江山永固了。在周朝的文献里常用的一个词语是“祈天永命”，意思是祈求上天能保周朝的天下永远延续。如何才能“祈天永命”呢？周朝的统治者总结夏、商两朝灭亡的历史教训，就是一定要服从于人民的意志。因为“民之所欲，天必从之”“天视自我民视，天听自我民听”（《尚书·泰誓》），所以执政者服从于人民的意志，能够“敬德保民”“明德慎罚”，就可以“祈天永命”了。

朱熹说的“与民同欲”，这个“欲”也就是《尚书》里面讲的“民之所欲，天必从之”的“欲”。“与民同欲”也就是执政者要服从于人民的意志，与民同好恶、同忧乐。我们以前对朱熹说的“与民同欲”注意不够，这里首先是对“民欲”的肯定，可以看出在朱熹的思想中“民欲”并不包括在他所说的“灭人欲”之内。宋代理学家有一句特别流行的话叫“存天理，灭人欲”，如果把这句话绝对地理解为要灭掉人的欲望，那就是把“天理”和人的欲望对立起来了。实际上，朱熹说的“人欲”也特有所指，如他说每个人都要穿衣吃饭，这是“天理”，而总想着锦衣玉食，吃穿都追求豪华奢侈，这就是“人欲”。朱熹的本意，是以“人欲”为违反“天理”的过度的欲望。但是这句话在流行之中被绝对化，好像人的欲望都是不好的，要灭掉人的欲望。尤其是到了明清两代，这句话往往成了强者对弱者的要求，占有强势地位的人要求处于弱势的社会下层“存天理，灭人欲”，这样就成为理学流行中的一大弊端。清代著名的思想家戴震就曾批评理学的“存天理，灭人欲”成了“以理杀人”。但是从朱熹说的“与民同欲”看，他对“民欲”是给予肯定的，而“以理杀人”是理学在历史流变中产生的一个弊端，这可以理解为“道德的异化”。

第六节：

是故君子先慎乎德。有德此有人，有人此有土，有土此有财，有财此有用。德者本也，财者末也。外本内末，争民施夺。

是故财聚则民散，财散则民聚。是故言悖而出者，亦悖而入；货悖而入者，亦悖而出。

朱熹《章句》说："先慎乎德，承上文'不可不慎'而言。德，即所谓明德。有人，谓得众。有土，谓得国。有国则不患无财用矣。"上文第四节说"有国者不可以不慎"，本节的"君子先慎乎德"，是接着上文的"不可不慎"而言。"有德此有人，有人此有土"，也是承上文"得众则得国"而言，这里的"此"相当于"则"。如何"得众"？执政者"有德"才能"得众"，即本节说的"有人"。"有人此有土"，"土"是指国土，所以《章句》说"有土，谓得国"。为什么"有土此有财，有财此有用"？如《章句》所说"有国则不患无财用矣"，这里的"有国"是以执政者"有德此有人"为前提。

"德者本也，财者末也。"朱熹《章句》说："本上文而言。""上文"指"有德此有人，有人此有土，有土此有财，有财此有用"。德是"本"，如大树之根本；财是"末"，如大树之枝叶。必先有大树的根本，然后才能有大树的枝叶。

"外本内末，争民施夺。"《章句》说："人君以德为外，以财为内，则是争斗其民，而施之以劫夺之教也。盖财者人之所同欲，不能絜矩而欲专之，则民亦起而争夺矣。""外本内末"，就是以德（本）为外，以财（末）为内。《礼记正义》孔颖达疏说："外，疏也；内，亲也。"执政者"外本内末"，就是疏远、轻视德行，而亲近、重视财用。按上文所说，德是本，财是末，执政者应该首先重视自身的德行，然后才能得众、有国、有财用。如果君主"以德为外，以财为内"，不重视自身的德行，而只专注于扩充朝廷宫室府库的财富，那就是与民争斗，与民争利，掠夺国民的财富，这实际上也是教唆国民“劫夺”（抢夺）财富。

朱熹《章句》评论说：“盖财者人之所同欲，不能絜矩而欲专之，则民亦起而争夺矣。”人人都希望得到财富，连孔子都说：“富而可求也，虽执鞭之士，吾亦为之。”但孔子还说：“不义而富且贵，于我如浮云。”（《论语·述而》）这就是说，对财富的追求，不能违背道义。执政者也可以追求财富，但首先应该实行“絜矩之道”，“与民同欲”，“所欲与之聚之，所恶勿施尔也”。如果“不能絜矩而欲专之”，执政者只是追求自己的财富，满足执政者的欲望，那么上行下效，民众也会各自争夺财富，这样就会形成一个人人自私自利、争财夺利的社会。

“是故财聚则民散，财散则民聚。”朱熹《章句》说：“外本内末故财聚，争民施夺故民散，反是则有德而有人矣。”这里的“财聚”是说执政者“外本内末”，与民争利而聚敛财富。这样的恶果就是“争民施夺”，上行下效，国民各自争夺财富，执政者也就失去民心，失众而民散，“失众则失国”。在《礼记正义》中，郑玄注引《老子》曰“多藏必厚亡”，这里的“多藏”就是执政者与民争利而聚敛财富，其后果是“财聚则民散”“失众则失国”。反之，执政者“内本外末”，实行“絜矩之道”，“与民同欲”，不与民争利，这样，执政者就“财散则民聚”，藏富于民，以自身的德行为民之表率，得到民众的拥戴，也就“有德此有人，有人此有土，有土此有财，有财此有用”。

“是故言悖而出者，亦悖而入；货悖而入者，亦悖而出。”朱熹《章句》说：“悖，逆也。此以言之出入，明货之出入也。自先慎乎德以下至此，又因财货以明能絜矩与不能者之得失也。”这里是用言语的出入来比喻财货的出入。“言悖而出者，亦悖而入”，就是说你用蛮横不讲理的话对待别人，那么别人也会以这种话来回应你。“货悖而入者，亦悖而出”，就是说你的财货不是从正路得来的，那么这些财货也不会从正路而失去。在《礼记正义》中，郑玄注：“言君有逆命，则民有逆辞也。上贪于利，则下人侵畔。”孔颖达疏：“若人君厚敛财货，悖逆民心而入积聚者，不能久如财，人畔于上，财亦悖逆君心而散出也。言众畔亲离，财散非君有也。”执政者“悖逆民心”，“上贪于利”，其后果是引起众叛亲离，社会动荡，政权被颠覆，财散而国亡。

第七节：

《康诰》曰：“惟命不于常。”道善则得之，不善则失之矣。

《康诰》是儒家经典《尚书》中的一篇，记载周武王去世之后，周公平叛，封其少弟康叔于卫而发表的诰辞。《大学》中四次引《康诰》，可见对这一篇的重视。第一次是传首章引了“克明德”，第二次是传第二章引了“作新民”，第三次是传第九章引了“如保赤子”，本章又引《康诰》曰“惟命不于常”。朱熹《章句》说：本节是“因上文引《文王》诗之意而申言之，其丁宁反覆之意益深切矣”。“上文引《文王》诗”就是本章第五节引《诗》云：“殷之未丧师，克配上帝；仪监于殷，峻命不易。”本节再引《康诰》曰“惟命不于常”而申言之。《礼记正义》郑玄注：“‘天命不于常’，言不专祐一家也。”这是西周初年统治者吸取夏、商两朝灭亡的历史教训而提出的一个重要思想。《诗经·大雅·文王》说“天命靡常”，《尚书·蔡仲之命》说“皇天无亲，惟德是辅”，《尚书·泰誓》

说“民之所欲，天必从之”“天视自我民视，天听自我民听”，《尚书·多方》说“天惟时求民主，乃大降显休命于成汤，刑殄有夏。……代夏作民主”，《尚书·召诰》说周取代商乃是“皇天上帝，改厥元子”。这些话都是要说明，天命不是专保佑某一家某一姓，而是只服从于人民的意志，辅助那些有德行的君主；如果王朝的统治者暴虐，违背了天心民意，天就会选择有德行的君主取代暴君而改朝换代。

本节引《康诰》“惟命不于常”，是《大学》“丁宁反覆之意益深切矣”，也就是反复叮咛告诫执政者，“道善则得之，不善则失之矣”。“道”在这里也是言说的意思。归纳《大学》所引《诗经·大雅·文王》和《尚书·康诰》等经典的文句，《大学》所反复告诫执政者的就是：执政者有德行、做善事就能得民心、得天下；执政者无德行、不做善事就会失民心、失天下。

第八节：

《楚书》曰：“楚国无以为宝，惟善以为宝。”

《礼记正义》郑玄注：“《楚书》，楚昭王时书也。言以善人为宝，时谓观射父、昭奚恤也。”朱熹《章句》说：“《楚书》，《楚语》。言不宝金玉而宝善人也。”现传《国语·楚语下》有云：“楚之所宝者，曰观射父，能作训辞，以行事于诸侯……”本节所引“楚国无以为宝，惟善以为宝”，意思是说楚国不以金玉为宝，而以得善人为宝。

第九节：

舅犯曰："亡人无以为宝，仁亲以为宝。"

朱熹《章句》说："舅犯，晋文公舅狐偃，字子犯。亡人，文公时为公子，出亡在外也。仁，爱也。事见《檀弓》。"现传《礼记·檀弓下》作"丧人无宝，仁亲以为宝"。春秋时期晋文公重耳流亡在外，其父晋献公死，故称"丧人"。"亡人无以为宝，仁亲以为宝"，意为出亡的人没有可宝贵的，爱敬亲人就是宝。

《章句》说："此两节又明不外本而内末之意。""此两节"指上一节和本节。在第六节有"外本内末，争民施夺"。"不外本而内末"，就是执政者要以德为本，以财为末；不要以德（本）为外而轻视之，以财（末）为内而看重之。

第十节：

《秦誓》曰："若有一个（介）臣，断断兮无他技，其心休休焉，其如有容焉。人之有技，若己有之，人之彦圣，其心好之，不啻若自其口出，实能容之，以能保我子孙黎民，尚亦有利哉！人之有技，媢疾以恶之，人之彦圣，而违之俾不通，实不能容，以不能保我子孙黎民，亦曰殆哉！"

《秦誓》是《尚书》中的一篇，属于《周书》（周朝的文献），记载秦穆公伐郑，为晋所败于崤，归国后誓其群臣，而作《秦誓》。朱熹《章句》说："个，古贺反，《书》作介。"介，耿介。"断断，诚一之貌。""无他技"，没有其他技能。"休休"，《礼记正义》孔疏："《尚书传》曰：

‘乐善也。’郑注《尚书》云：‘宽容貌。’”“其如有容焉”，其心宽容，虚怀若谷。朱熹《章句》：“彦，美士也。圣，通明也。尚，庶几也。”“尚”字在现传《尚书》中作“职”，可解释为“定”。

从“若有一介臣”到“尚亦有利哉”，意为：假如有一个耿介之臣，他诚实专一而没有别的技能（《礼记正义》郑玄注“他技”为“异端之技也”），他的胸怀博大好善，虚怀若谷。别人有技能（《礼记正义》郑玄注“有技”为“才艺之技也”），就像自己有；对别人充满聪明才智的话语，他从心里喜欢，如同是从他自己口里说出的，这是能容人之人。任用这样的人来保我的子孙黎民，一定会有好处啊！

本节的下半段：“人之有技，媢疾以恶之，人之彦圣，而违之俾不通，实不能容，以不能保我子孙黎民，亦曰殆哉！”朱熹《章句》：“媢，忌也。违，拂戾也。殆，危也。”“媢疾”，忌妒。“俾”，使。“不通”，现传《尚书》作“不达”。意思是说，别人有技能，他妒忌而厌恶；对别人的聪明才智，他逆反而不使上达（《礼记正义》郑玄注称“使功不通于君也”），这是不能容人之人。如果任用这样的人，肯定保不了我的子孙黎民，这是很危险的啊！

第十一节：

唯仁人放流之，迸诸四夷，不与同中国。此谓唯仁人为能爱人，能恶人。

朱熹《章句》说：“迸，读为屏，古字通用。迸，犹逐也。言有此媢疾之人，妨贤而病国，则仁人必深恶而痛绝之。以其至公无私，故能得好恶之正如此也。”意思是说，有仁爱之心的人，要把那种嫉贤妒能的人流放出去，驱逐到四夷，不要让他们在华夏中国之内。这就是唯仁人能爱人，也能憎恶人。《论语·里仁》记载孔子说：“唯仁者能好人，能恶人。”朱熹《章句》说的“媢疾之人，妨贤而病国”，意为那些嫉贤妒能的人，妨碍贤人发挥作用，祸害国家。仁人对这样的人深恶痛绝，“以其至公无私”，要把这样的人驱逐出去。

第十二节：

见贤而不能举，举而不能先，命也；见不善而不能退，退而不能远，过也。

这一节的“命”，《礼记正义》郑玄注：“命，读为慢，声之误也。”朱熹《章句》：“命，郑氏云：‘当作慢。’程子云：‘当作怠。’未详孰是。远，去声。若此者，知所爱恶矣，而未能尽爱恶之道，盖君子而未仁者也。”意为：见到贤能之人而不能举荐，举荐了而不能使其先于已，这是怠慢（《礼记正义》郑玄注曰“举贤而不能使君以先己，是轻慢于举人也”）；见到不善的人而不能退身，退身而不能远离，这是过错。朱熹对“若此者”的评论，意为：如果是这样，他知道了应该爱什么、厌恶什么，但还不能“尽爱恶之道”，这样的人是君子但还没有达到仁者的境界。

第十三节：

好人之所恶，恶人之所好，是谓拂人之性，菑必逮夫身。

朱熹《章句》说：“菑，古灾字。拂，音扶。拂，逆也。好善而恶恶，人之性也；至于拂人之性，则不仁之甚者也。”《礼记正义》郑玄注：“逮，及也。”人性是爱好善而厌恶恶的，这是性善论的思想。本节的意思是说，爱好人所厌恶的，厌恶人所爱好的，这是违逆人的本性，这样的人必然会灾祸及于身。

朱熹《章句》说：“自《秦誓》至此，又皆以申言好恶公私之极，以明上文所引《南山有台》《节南山》之意。”这就是说，从第十节引《秦誓》至本节，都是申论“好恶公私之极”（好恶有公私之分，众人的好恶是公，违背众人好恶的是私），以讲明前文所引《南山有台》《节南山》之意。第三节引《南山有台》是“乐只君子，民之父母”，第四节引《节南山》是“节彼南山，维石岩岩，赫赫师尹，民具尔瞻”。总论这几节，都是讲执政者要实行絜矩之道，强调执政者以身作则、选贤任能的重要。

第十四节：

是故君子有大道，必忠信以得之，骄泰以失之。

朱熹《章句》说：“君子，以位言之。道，谓居其位而修己治人之术。发己自尽为忠，循物无违谓信。骄者矜高，泰者侈肆。此因上所引《文王》《康诰》之意而言。章内三言得失，而语益加切，盖至此而天理存亡之几决矣。”

本节的意思是说，所以君子有“修己治人”的大原则，必须恪守忠信才能得天下，而骄奢放纵就会失天下。

《章句》说“因上所引《文王》《康诰》之意而言”，即前文引《文王》“殷之未丧师，克配上帝；仪监于殷，峻命不易”，引《康诰》“惟命不于常”，本节是继所引之意而申言之。

《章句》说“章内三言得失”，此“三言”即前文所说的“得众则得国，失众则失国”“善则得之，不善则失之矣”，以及本节所说的“必忠信以得之，骄泰以失之”。“三言得失，而语益加切”，可以说是谆谆告诫执政者，这决定了“天理存亡之几”。“几”，意为“动之微也”。这里的“天理”主要指人间的秩序、社会的道德规则。“天理存亡”当然是天大的事，而其或存或亡则是决定于执政者是否遵循天理、崇尚道德、执政为民的“动之微也”。

第十五节：

生财有大道：生之者众，食之者寡，为之者疾，用之者舒，则财恒足矣。

《礼记正义》孔颖达疏：“‘生之者众’者，谓为农桑多也。‘食之者寡’者，谓减省无用之费也。‘为之者疾’者，谓百姓急营农桑事业也。‘用之者舒’者，谓君上缓于营造费用也。”朱熹《章句》说：“吕氏曰：‘国无游民，则生者众矣；朝无幸位，则食者寡矣；不夺农时，则为之疾矣；量入为出，则用之舒矣。’愚按：此因有土有财而言，以明足国之道在乎务本而节用，非必外本内末而后财可聚也。”《章句》所引的“吕氏”是指吕大临，引文见他所著的《礼记解》。

本节的意思是说，增加财富有大道（此“大道”可以理解为社会经济发展的重要原则）：从事生产的人多，由官俸供养的人少，劳作者有生产的积极性，而国家的费用开支纾缓且节约，这样国家的财富就会常保充足。

朱熹说：“此因有土有财而言，以明足国之道在乎务本而节用，非必外本内末而后财可聚也。”前文言“有德此有人，有人此有土，有土此有财，有财此有用”，这是讲“足国之道”在于“务本”，而本节是在“务本”的前提下进一步展开讲“生财有大道”，这样可使国家的财用充足，而并非“外本内末”才能解决财用充足的问题。

朱熹《章句》说：“自此以至终篇，皆一意也。”由本节开始，至以下各节而终篇，都是一个意思，即讲应该如何处理财用与道义的关系问题。

第十六节：

仁者以财发身，不仁者以身发财。

朱熹《章句》说：“发，犹起也。仁者散财以得民，不仁者亡身以殖货。”这一节的意思是，仁者是用财富来发扬、提升自身的德行，不仁的人却是不惜丧身以发财，俗话说的“要财不要命”就是后一种情况。

第十七节：

未有上好仁而下不好义者也，未有好义其事不终者也，未有府库财非其财者也。

《礼记正义》孔颖达疏：“君若行仁，民必报义，义必终事。譬如人君有府库之财，必还为所用也，故云‘未有府库财非其财者也’。”朱熹《章句》说：“上好仁以爱其下，则下好义以忠其上；所以事必有终，而府库之财无悖出之患也。”

本节的意思是，没有在上者喜好仁而在下者不喜好义的，没有喜好义而不能完成其职责的，这样，国家府库中的财物就不会“财非其财”，即不会有被劫夺之患了。

第十八节：

孟献子曰：“畜马乘不察于鸡豚，伐冰之家不畜牛羊，百乘之家不畜聚敛之臣，与其有聚敛之臣，宁有盗臣。”此谓国不以利为利，以义为利也。

朱熹《章句》说：“孟献子，鲁之贤大夫仲孙蔑也。畜马乘，士初试为大夫者也。伐冰之家，卿大夫以上，丧祭用冰者也。百乘之家，有采地者也。君子宁亡己之财，而不忍伤民之力；故宁有盗臣，而不畜聚敛之臣。‘此谓’以下，释献子之言也。”

孟献子是春秋时期鲁国的贤大夫。本节所引孟献子的话，大意是说：喂养马匹用来出门驾车的士大夫，就不要管喂鸡养猪的事了；在丧祭之礼中可以伐冰用来寒尸的卿大夫之家，就不要喂养牛羊了；有封地、有百辆兵车的卿大夫之家，宁可有盗窃主人财物的家臣，也不豢养聚敛财富的家臣。

所引孟献子的话至“宁有盗臣”结束。“此谓”以下是对孟献子话的评议。“国不以利为利，以义为利也”，这是说国家不应以牟利为利，而要以道义为利。

对孟献子的话还要再做一些解释。他说的“畜马乘”“伐冰之家”“百乘之家”都是有官职的士大夫、卿大夫。在儒家看来，他们既然已经食君之禄、享民之俸，就不应再喂养鸡、猪、牛、羊而与民争利了（《礼记正义》郑玄注曰“鸡豚、牛羊，民之所畜养，以为财利者也”）。对于有封地的卿大夫来说，“与其有聚敛之臣，宁有盗臣”，这是一种极而言之的说法，偷盗主人财物的“盗臣”当然是不能允许的，但是“盗臣”的危害轻于“聚敛之臣”的危害，因为后者既害家又害民（朱熹《章句》曰“君子宁亡己之财，而不忍伤民之力”）。《论语·先进》篇记载，鲁国的贵族季氏非常富有，孔子的学生冉求做了季氏的家臣，“为之聚敛而附益之”，孔子怒斥冉求“非吾徒也”，他对学生们说，“小子鸣鼓而攻之可也”。可见，孔子对“聚敛之臣”是十分反感的。

第十九节：

长国家而务财用者，必自小人矣。彼为善之，小人之使为国家，菑害并至。虽有善者，亦无如之何矣！此谓国不以利为利，以义为利也。

“长国家而务财用者”，指执掌国家的权力而专为朝廷聚敛财富者，这些人违背了国家的道义，这样的行为必是出于小人。这些人就是前文所指斥的“聚敛之臣”。“彼为善之”，朱熹《章句》说：“此句上下，疑有阙文误字。”但《礼记正义》郑玄注将“彼为善之”以下注解为：“彼，君也。君将欲以仁义善其政，而使小人治其国家之事，患难猥至，虽云有善，不能救之，以其恶之已著也。”

这一节的大意是说：执掌国家的权力而专为朝廷聚敛财富，必是出自小人之所为。君主使用这样的小人来治理国家，灾难和祸害将一并降临。国君即使有好的愿望，也无可奈何了。这就是说，国家不应以牟利为利，而要以道义为利。

这一节在最后重复了上一节的“此谓国不以利为利，以义为利也”，这是进一步强调而申言之。朱熹《章句》说：“此一节深明以利为利之害，而重言以结之，其丁宁之意切矣。”所谓“丁宁之意切”，就是殷切地叮咛、告诫执政者。

这一节的“重言以结之”，是本章的结句，也是《大学》全篇的结句。

我们最后重温一下朱熹《章句》对本章大旨和要点的提示：“右传之十章，释治国平天下。(此章之义，务在与民同好恶而不专其利，皆推广絜矩之意也。能如是，则亲贤乐利各得其所，而天下平矣。)”

如果我们把本章的内容做一个大致的归纳，那么可有以下几个方面：

1. 执政者要崇尚道德，以身作则，率先垂范。

2. “絜矩之道”是治国平天下的“要道”，其用于治国理政，重要的是“务在与民同好恶而不专其（己）利”，要“以民心为己心”“因民之所利而利之”，也就是要坚持以民为本、执政为民。

3. 执政者要牢记“得众则得国，失众则失国”“善则得之，不善则失之”的历史经验教训，要“先慎乎德”（国无德不兴，首先是执政者要“慎乎德”），“德者本也，财者末也”，不要“外本内末”，与民争利。

4. 执政者要正确处理财利与道义的关系，“生财有大道”，“君子有大道”，谋求财利不能违背社会经济发展的规律，不能违背人民的意志、道义的原则。

5. 执政者要选贤任能，“亲贤人，远小人”，尤其要警惕那些专务增加国家的财用而与民争利的小人，要使“亲贤乐利各得其所”，只有崇道德、亲贤人，才能“有德此有人，有人此有土，有土此有财，有财此有用”。

这五个方面，尤其是前四个方面，在当今社会仍是有重要现实意义的。而最后一个方面在历史上曾存在一些分歧、争议，甚至引发了士大夫之间的党争。如汉代的桑弘羊为汉武帝多牟财利，主张盐铁官营，这引起儒生贤良文学的反对，批评他是与民争利。再如宋代的王安石变法，他是以理财为急务，以增加国家府库的财用，这也引起司马光、苏轼、苏辙、二程和张载等人的反对，从而有宋代的“新旧党争”。如何评价这些分歧、争议和党争，值得我们进行深入的历史反思。

朱熹《章句》在最后还有一个对传文第一至第十章的总结，他说：“凡传十章：前四章统论纲领指趣，后六章细论条目功夫。其第五章乃明善之要，第六章乃诚身之本，在初学尤为当务之急，读者不可以其近而忽之也。”其中，“前四章统论纲领指趣”，是解释“三纲领”；“后六章细论条目功夫”，是解释“八条目”。“其第五章乃明善之要”，释“格物致知”；“第六章乃诚身之本”，释“诚意正心”。第五章和第六章是修身的基本工夫，故“在初学尤为当务之急，读者不可以其近而忽之也”。《大学》首章经文说：“自天子以至于庶人，壹是皆以修身为本。”朱熹在《大学章句》的最后也突出强调了这一点，而这也是我们现在应该首先看重而切身实行的。

《论语·宪问》篇记载："子路问君子。子曰：'修己以敬。'曰：'如斯而已乎？'曰：'修己以安人。'曰：'如斯而已乎？'曰：'修己以安百姓。修己以安百姓，尧舜其犹病诸！'"儒家的君子首先是"修己以敬"，即以修身为本，如此才能"修己以安人"，做到"己欲立而立人，己欲达而达人""己所不欲，勿施于人"；至于"修己以安百姓"，就是做到了"治国平天下"，这是连尧舜都要努力而唯恐做不到的，而这也正是儒家的最高社会理想。

二十世纪八十年代，梁漱溟先生曾为新创办的中国文化书院题词："孔门之学乃为己之学，而己又是仁以为己任的己。"我理解"为己"之学就是首先要以个人的修身为本，提升自身的道德境界，"而己又是仁以为己任的己"，个人修身的目标又指向了勇于承担社会的责任，"修己以安人"，乃至"修己以安百姓"。"为己"之学和"以天下为己任"的统一，就是儒家的"内圣外王"之道。

孔子曾说："吾道一以贯之。"曾子说："夫子之道，忠恕而已矣。"（《论语·里仁》）曾子又说："士不可以不弘毅，任重而道远。仁以为己任，不亦重乎！死而后已，不亦远乎！"（《论语·泰伯》）忠恕之道与士的弘毅精神，对于我们理解《大学》的"修、齐、治、平"也是有重要意义的。